大學用書

現代邏輯要義

葉新雲　著

三民書局　印行

國家圖書館出版品預行編目資料

現代邏輯要義／葉新雲著.－－修訂二版二刷.－－
臺北市：三民，2006
　　面；　　公分
　　ISBN 957-14-4244-5　（平裝）

　　1.理則學

150　　　　　　　　　　　　　　　　94002803

三民網路書店　http://www.sanmin.com.tw

© **現代邏輯要義**

著作人　葉新雲
發行人　劉振強
著作財
產權人　三民書局股份有限公司
　　　　臺北市復興北路386號
發行所　三民書局股份有限公司
　　　　地址／臺北市復興北路386號
　　　　電話／(02)25006600
　　　　郵撥／0009998-5
印刷所　三民書局股份有限公司
門市部　復北店／臺北市復興北路386號
　　　　重南店／臺北市重慶南路一段61號
初版一刷　1999年10月
初版三刷　2004年1月
修訂二版一刷　2005年4月
修訂二版二刷　2006年6月
編　號　S 150160
基本定價　參元貳角
行政院新聞局登記證局版臺業字第○二○○號

ISBN　957-14-4244-5　　（平裝）

謹以此小小的禮物
獻給
我的父母
葉振民　　許義君
他們以其一生的身教告訴我
即使困頓仍可生活得很適意
只要懷著善意待人

修訂二版序

　　筆者趁這次的機會，對於原書中一些錯誤一一加以訂正；對於若干不太恰當的練習題，予以更換；此外，有一兩個地方略做補充，以便讓讀者有更好的理解。至於整個體例，則大致維持原貌。

　　五年來，臺灣科技大學裡修習筆者邏輯課的同學，一直使用這本教本；他們當中有不少人認真而率直地糾正錯誤、提出疑問，使得修訂工作變得輕便許多。在此，筆者也誠懇地期待其他未謀面的讀者給我們建議、批評、指教。

葉新雲

2005 年 1 月 29 日於臺北

致謝詞

　　在我漫漫的問學、生活過程中，中學時代一段期間極具意義；在那段日子裡，我受到很多人的啟迪、提攜與幫助。對於他們，我一直心存感激，無日或忘。這些師長、同學、朋友，有些早已故去，有些遠走他鄉，其他的也多散居一方；對如今不在眼前而尚健在的師友，常思覓得暇隙，一一登門叩謝。然而，時光有限，課業實繁，聯絡聚首始終難以如願，居常以此為極大憾事。這些師友大概也從未念及他們的攜手相助是什麼大事，但的確讓我得到更好的成長，不致被艱難摧折。值此小書付梓之際，將他們的芳名登錄於此，一則鄭重地表示我的感謝，一則讓人間稍存一些正氣，這或許是合情合理之舉，想讀者不會責怪我的唐突吧！

　　我初中的同學：邱哲政、徐國煊、劉奕伸、李洋一、湯阿國、賴光煌、詹昭溪等，無論在問學上、氣節砥礪上都給予我很大的刺激和鼓舞。哲政更是情如手足，我時常去邱家打擾，受其母溫馨呵護，永難忘懷。大學聯考前，國煊邀我去他田舍家一起攻讀，蒙其父母殷殷致意、懇切款待，讓我銘記人性最美好的一面。

　　我高中的同學：龔治江、劉俊德、王聰敏、謝秀國等，在我最困苦的時期，給予最好的關懷和協助。當年高二甲班的同學也曾給我有力的物資幫助。我的老師：賀耀林老師、張卜麻老師、林承老師、江兆申老師、祝

豐老師等，開啟了我讀書的興味，擴大了我的生命世界；金鳳高老師、于鴻霖老師鐵錚硬朗的性格，讓我留下深刻的印象；潘維鑑老師更是在生活上一再照顧、一再垂詢，讓我感到尤其溫暖。

對於這些師友，我致以最大的謝忱。

時為 1999 年 8 月 15 日

序 言

　　一九九四年秋，我自美國返回本國，忝列元智大學通識部、臺灣科技大學共同科教席，先後講授邏輯（「理則學」為其正式課名）一課十次。從一開始，我便決定做下面的事情：以現代符號邏輯的技術，處理一般推論上所用到的論證形式。符號邏輯技術簡明、扼要，省卻了許多傳統邏輯技術中的煩瑣步驟；況且，一旦熟悉了這套技術，對於數學上的證明及一般推論形式就有比較明確的觀念，而學習者於潛移默化的過程中，可形成較好的分析能力。因此，自九四年起我就採用國內在此領域中的先進教科書；其中，林正弘先生的《邏輯》內容豐厚、說明翔實，我差不多每學期都以該書為教本。

　　不過，由於現今大專院校的通識課程大多限於一個學期；每週兩小時的邏輯課程，如果要仔細地講授符號邏輯的基本技巧，對許多學習者來說仍是很大的負擔。常思另寫一簡明教本，剔除枝節，只對必要部份做合理之介紹；苦於時間每每不敷使用，一直停留在想望階段。今年寒假，排除萬難，在短短三週之內草成講義一冊，開學之後讓學生習之。經過一學期的試驗，成果似差強人意：學生一般講來學習的興味大為提高，每個人的作業及試卷均呈現良好的成績。今年暑假再度撥冗將講義訂正、改寫、補充，遂成此一小書。

　　原講義曾經臺大陳文秀教授過目，謬承過獎；所示建議意見，已虛心接納。中研院張復教授亦曾通讀一過，所示訂正意見，已收進書內；沒有他再三的鼓勵，這本小書可能還會延宕多時。本來想把原講義讓林正弘教

授批正一番，但他不幸因眼疾而動了手術，自然不敢以此事相煩；他曾表示樂於見到小書有地方出版，並願意為之紹介。

「越鳥巢南枝」。返國以來，偶有機會碰到石元康、李日章、趙天儀、郭博文、王曉波、蔡美麗、黃天成、林弘宣、錢永祥、傅大為、洪裕宏等教授、老友，他們總對我教學、寫作的情況表示關切，讓我得到鼓舞的力量。

最後，我要一提現在香江的學長何秀煌教授。許多年前，他在美國念書；由於我寫信向他討教一些邏輯問題，他自美國寄送給我一冊 B. Mates 的 *Elementary Logic*，我仍然記得當時的感動與興奮。這是值得紀念的。如果不是這本小書實在太過簡陋，我想我會而且也應該把它敬獻給秀煌先生的。

對於這些位朋友，我藉此機會表示衷心的感謝。

葉新雲
1999 年 8 月 15 日於臺北

撰寫大意

I. 本書旨在以現代邏輯技術，介紹語句邏輯及述詞邏輯。傳統的三段論經過一些調整，即可溶入述詞邏輯之中，因此，不另做介紹。

II. 本書採用自然演繹法，但自然演繹法有很多不同的表達方式。本書依循的大致是 B. Mates 的 *Elementary Logic* 一書中所用的方式。這也是林正弘先生在其《邏輯》（三民書局）一書中所用的自然演繹法之表達方式。林書十分詳盡，凡研讀本書之讀者可取林書作為參考。

III. 本書特別之處：(1)在介紹一、二章語句邏輯之處，將規則減縮到最少的地步，以便讀者很快地就能玩一些推論的遊戲，希望讀者在反覆操作這些規則時，不知不覺地習慣於這些規則，讀者或許可以避免對邏輯抽象性的疑懼；(2)在介紹四、五章述詞邏輯之處，儘量地使用讀者的背景知識來耐心地介紹符號語言及各個量化推論規則；(3)根據我們的規則方面的設計，一、二章就自成語句邏輯一個完整的系統，而雙條件句、歸謬法、等值式互換等均成為引申性的產物，在理論上完全可以不用。但我們也一再提醒，引申性規則可以加速推論遊戲。

IV. 本書每個章節都編有習題。除少數情況外，這些習題都不是難題。習題主要是測試讀者的理解，如果處處有難題，不免挫傷讀者之興趣。但採用本書的老師不妨另立難題，讓學生有更上揚的挑戰心。附錄III（在第六章末尾）討論證明策略。讀者研習第二、三章時即可加以利用，可能有助於練習之習作。

V. 本書適用之對象為大專院校選修「邏輯」（或稱「理則學」）一門學科

的學生。目前大專院校中，此類課程大抵上是每週兩小時。本書材料足敷一學期之用。

VI.　本書材料也可供高中邏輯選修課程使用。倘若某些院校覺得學生課業負擔已甚沈重，倘若仍想讓他們學邏輯，則不妨採用本書但跳過第三章，學生仍可習得現代邏輯的基本技術。不過，建議最好保留歸謬法。

VII.　本書說明力求透徹，自修者只要細心閱讀，應該可以完全理解。作者非常鼓勵目前已不是學校學生之一般人士進修邏輯；如果你有這個意思，何妨取本書作為一個開始？

VIII.　作者才疏學淺，敬請讀者、同仁、專家、學人指教。如蒙惠賜意見，可逕寄本書出版書局編輯部轉達即可。

現代邏輯要義

目　次

修訂二版序

致謝詞

序　言

撰寫大意

第一章　介紹有關「–」和「∨」的遊戲 ················· 1

　§1　邏輯有如遊戲 ···················· 1

　§2　介紹一類涉及到「–」和「∨」的邏輯遊戲 ········· 3

　　　練習題 ······················· 9

　§3　應用到日常推理上 ················· 10

　　　練習題 ······················ 14

第二章　擴充我們的遊戲──介紹「∧」與「→」 ······· 15

　§1　兩個實際的例子 ·················· 15

　§2　介紹新的遊戲及其規則 ··············· 17

　§3　遊戲實例 ····················· 21

　　　練習題 ······················ 28

　§4　應用到日常推理上 ················· 29

　　　練習題（日常推理的應用） ············· 35

第三章　雙條件句、邏輯定理、歸謬法

　　　　以及等值式互換規則 ··············· 37

§ 1　雙條件句 ·· 38

§ 2　邏輯定理（無需前提卻可加以證明之句式）··········· 45

　　　練習題 ·· 50

§ 3　歸謬法原理 ·· 51

　　　練習題 ·· 56

§ 4　等值式互換規則及常見的等值式 ···················· 57

　　　本章複習練習題 ··· 67

附錄 I：　第一、二章遊戲規則及引申之推論方法、規則一覽表 ····· 68

第四章　擴充我們的遊戲——介紹「(x)」及「(∃x)」 ········ 73

§ 1　需要進一步擴大我們的遊戲 ························· 73

§ 2　常元與述詞 ·· 74

§ 3　變元與量符 ·· 77

　　　練習題 ·· 87

§ 4　正式的造句原則和變元的自由性與拘限性 ········ 89

§ 5　較複雜的翻譯實例 ······································ 92

　　　練習題 ·· 97

第五章　關於「(x)」與「(∃x)」的推論規則 ··············· 99

§ 1　US- 規則 (the rule of universal specification, 全稱特殊化規則) ··· 100

　　　練習題 (US- 規則之應用) ····························· 105

§ 2　UG- 規則 (universal generalization, 全稱一般化規則) ········ 106

　　　練習題 (使用 UG- 規則) ······························· 112

§ 3　EG- 規則 (existential generalization, 存在一般化規則) ········· 113

　　　練習題 (應用 EG- 規則) ······························· 115

§4　ES- 規則（existential specification，存在特殊化規則）┄┄┄┄┄ 116

練習題（ES- 規則之應用）┄┄┄┄┄┄┄┄┄┄┄ 125

本章綜合練習題┄┄┄┄┄┄┄┄┄ 126

附錄 II：量化推論的四個規則一覽表 ┄┄┄┄┄ 127

第六章　錯誤的推論如何加以證明 ┄┄┄┄ 129

§1　一個基本觀念 ┄┄┄┄┄┄┄┄┄┄┄ 129

§2　真值表方法──只適用於語句邏輯 ┄┄┄┄ 130

練習題 ┄┄┄┄┄┄┄┄┄┄┄┄ 135

§3　解釋方法 ┄┄┄┄┄┄┄┄┄┄┄┄┄ 136

練習題（應用解釋方法）┄┄┄┄┄┄┄┄ 140

附錄 III：證明策略（玩推論遊戲的一些要領）┄┄┄ 141

進一步參考讀物 ┄┄┄┄┄┄┄┄┄┄┄┄┄ 146

第一章　介紹有關「－」和「∨」的遊戲

§1　邏輯有如遊戲

　　首先，你不要把邏輯想得太玄、太抽象，更不必把它想得太過困難。其實，你天天都用到它。我可沒有欺騙你的意思。馬上可以為你舉一個實際的例子。比如說，某個週末你要去參加一位同學的訂婚茶會。你有一套西裝，但是你的領帶太舊太土了，你想去買一條新的領帶。註冊以後，你的錢花得差不多了；根據預算，你能用的錢只有三百塊。你走進一家服飾店，看中了三條不錯的領帶：一條紫的、一條藍的、一條紅的；三條領帶的價錢都沒有超過三百元，你感到很高興。但你認為紫色領帶、藍色領帶都要搭配較深色的襯衫才有味道，而這在你目前是尚未具備的，你也不可能再去添購較深色的襯衫。所以，最後你選擇了一條紅色領帶。

　　你已經運用邏輯了。真的嗎？你也許會訝異地問。真的，你常常用到它，但你不太認識它。這本小書就是讓你熟悉那個經常跟你在一起的朋友——邏輯推論 (logical inference)。

　　簡單地說，邏輯類似我們常見的遊戲。日常的遊戲實在太多太多了。橋牌、跳棋、象棋、五子棋、圍棋、捉迷藏、踢罐子……，奧運中的各種比賽、電視中的遊藝競賽、你小時候（或你現在仍在玩）的電動遊戲……，這些都是遊戲。對於遊戲，我想你比我玩得更多更精，而且也比我更了解。在這麼多林林總總的遊戲中，我無法歸納它們的共同特性。但在眾多的遊

戲中，有三方面值得注意：

一是參與者 (participant(s))，即參加遊戲的行為主體。有些遊戲可以一人獨玩 (撲克牌中的許多牌戲)、普通棋賽需要兩個人，玩踢罐子遊戲人數沒有固定之限制。一般參與者都是人，但也有例外之情形，比如說兩部電腦在特定程式的引導下可以舉行棋賽。

二是遊戲中的功能角色 (functional roles)。比如說下象棋的時候，那些車、馬、炮、將、士、相、卒等就是棋賽中的角色。這些角色由什麼樣的物體來扮演，其實並不那麼重要。我想你早已知道有竹做的、木做的、塑膠做的、甚或有象牙製成的象棋棋子。有時候，我們想要下棋，一時找不到現成的工具，我們都會臨時用厚紙板剪成需要的棋子，問題完全解決。所以，這裡重要的是遊戲中的角色都有東西來扮演或運作。我說東西嗎？有些遊戲角色的扮演者是人。比如說打籃球，分甲、乙兩隊競賽，每隊出戰時都要有五個人而且五人各有職司。你也明白這五人不必固定為哪五個人，但後衛受傷或中鋒犯規出場，必須由他人替代，否則，這個比賽就無法進行下去。當然，就籃球比賽而論，裁判也是一種角色。

三是遊戲中最重要的部份，即遊戲規則 (rules or regulations)。沒有規則，那遊戲就玩不起來。規則也分一些類別，有些用來區分角色，有些用來規定各個角色以及角色之間如何行動才被稱為合法，有些用來決定角色在互動中所形成的結果。(以象棋來說，馬走日、象走田、車走直線……這是角色行動的基本規定；在什麼情況下某個車會被某個馬吃掉，這是互動結果的判斷；當主將被逼得走投無路，我們會說一盤棋已經結束。凡此種種均在規則之中。) 此外，我也要提醒，規則也決定遊戲中的限制架構 (limiting framework)；換言之，規則必須設定遊戲在時間上、空間上有怎樣的約束。正式的國際象棋比賽，不可能讓參賽者無限制地長期思考一著棋；玩籃球時，球員不能在場外射球得分；玩象棋時，你不能飛象渡河 (河是指楚河漢界之河)。

上面所談的遊戲之一般情況，其實十分粗淺。細究起來，都有許多再

討論的餘地。在很多的遊戲中，參與者和角色的扮演者是二而一、一而二的；比如說，在玩捉迷藏的遊戲或踢罐子的遊戲時，全體的人員均為參與者和扮演各個角色的人。在一個較複雜的遊戲裡，我們就無法做很好的理解。比如說，在打籃球時，球員固然擔負著角色之任務，但他們是不是參與者呢？很難把他們看成只是類似車、馬、炮的角色承擔者而已。那麼，教練是不是參與者呢？一個球隊呢？支持球隊的機關、公司、社團算得上參與者嗎？觀眾又是怎麼回事？可見參與者這個觀念的確無法做精確的界定。（讀者可以試想：如果把選舉看成一種遊戲，那麼參與者和角色的觀念要怎樣描述才算恰當？選舉的規則要怎樣設定才是合理？只要細想一下，便知情形並不簡單。）

§2　介紹一類涉及到「−」和「∨」的邏輯遊戲

從一個角度來講，我們在本書中介紹的邏輯其實是在教導你如何依循一些規則來操控一些符號。這就有類似遊戲的地方。現在就讓我們來介紹一種最簡單的邏輯遊戲。

首先，參與者就只有你自己一人而已。在以後較複雜的邏輯遊戲裡，你依然是唯一的參與者。這有點像電腦中的接龍遊戲，你自己開局，自己下達指令移動紙牌，自己依規則作出判斷。在你熟悉邏輯規則之後，你也應該成為邏輯遊戲的裁判者。

其次，我們要規定功能性角色，也就是要講明有哪些符號是你可以運用、支配的。在我們的遊戲中，你能運用的是叫做「合法句式」(well-formed formulas) 那樣的東西。以下三條規定是對「合法句式」的嚴格界定：

Ⅰ．所有的大寫英文字母及其他帶有足碼的大寫英文字母，每一個都代

表一個合法句式。

例如：「A」,「B」,「C」……「X」,「Y」,「Z」是二十六個合法句式；而所謂「帶有足碼的字母」指的是字母右下角地方附有阿拉伯數字的那種符號，例如：「A_1」、「B_{24}」、「C_4」……「X_{45}」、「Y_{321}」等等。之所以要加進這些帶足碼的字母，主要是保證這些合法句式的供應量無有匱乏之虞，要多少有多少。

II．如果 Φ 和 Ψ 是合法句式，那麼 $-\Phi$ 及 $(\Phi \vee \Psi)$ 也是合法句式。

這第二條的規定乃是告訴我們如何從已知的合法句式造出新的合法句式，其方式有二：一是在一合法句式前面加上一個「$-$」符號，便形成另一合法句式。例如：「$-A$」、「$-B$」、「$-C$」、……「$-X$」、「$-Y$」、「$-Z$」均為合法句式，而「$-A_1$」、「$-B_2$」、……「$-X_{45}$」、「$-Y_{321}$」也都是合法句式。這些均有別於單純的英文字母。另外一種方式是在兩個合法句式中間放進一個「$\vee$」符號，並且用左右括弧把整體包束起來而形成新的合法句式。例如下面均為合法句式：

$$(A \vee B), (C \vee E), (X_{45} \vee G_{25}), (Y \vee Y)$$

讀者一定知道，這個規則是可以反覆運用的，它讓我們造出更多複雜的合法句式。例如：

$$-(A \vee B), -C \vee (C \vee E), (A \vee B) \vee (-X_{45} \vee G_{25})$$

這些都是合法句式。

在寫這一條規定時，我們使用了希臘符號，因為我們要表示「任何兩個合法句式」這樣的意思，我們不能把它的範圍限制在任何特殊種類的句式上。兩個希臘符號就只是表示「任意兩個合法句式」的意思；我們可以用其他方式來表示，比如說用中文裡「甲」或「乙」。明白了此點，就不必

再為它們煩惱。另外還有一條規定：

Ⅲ．合法句式必須由 I 和 II 的方式得到。

這一條很重要，它講明哪些是合法句式，哪些不是合法句式。比如說：「A−」、「(B∨)」、「−B −A」、「(X∨(−A∨D)」都不是合法句式，但「(−A∨B)」、「(X∨(−A∨D))」就是，因為我們的兩條規定可得出後面兩式，但更前面的一些就無法從 I 、 II 規定中得到。

由這三條規定，你可以明白：能夠被你運用的功能性角色──合法句式，可說是無窮盡的。這跟你玩過的遊戲都不大一樣，撲克牌一副只有五十二張，各式棋戲的棋子數目都有一定之限制。怎麼？我們這最簡單的邏輯遊戲就有無限的角色供我們驅使？我們怎麼操控得了？你大可不必擔心，因為每次出場的成員都是有限的。其他的呢？其他的就像預備球員囉。我們的規定只是要保證：我們的合法句式很多很多，不愁用盡而已。

最後，我們要來談一下遊戲規則。

A. 遊戲規則（即推論規則）

A.1.1　如果碰到合法句式如 $(\Phi \vee \Psi)$ 及 $-\Phi$，那麼你可以推出（即得到）Ψ。（簡述成：$(\Phi \vee \Psi), -\Phi \;\vdash\; \Psi$）

A.1.2　如果碰到合法句式如 $(\Phi \vee \Psi)$ 及 $-\Psi$，那麼你可以推出（即得到）Φ。（簡述成：$(\Phi \vee \Psi), -\Psi \;\vdash\; \Phi$）

A.2.1　如果你碰到合法句式如 Φ，那麼你可以推出 $(\Phi \vee \Psi)$。
（簡述成：$\Phi \;\vdash\; (\Phi \vee \Psi)$）

A.2.2　如果你碰到合法句式如 Ψ，那麼你可以推出 $(\Phi \vee \Psi)$。
（簡述成：$\Psi \;\vdash\; (\Phi \vee \Psi)$）

A.3.1　如果你碰到合法句式如 Φ，那麼你可以推出 $--\Phi$。
（簡述成：$\Phi \;\vdash\; --\Phi$）

A.3.2　如果你碰到合法句式如 $--\Phi$，那麼你可以推出 Φ。

（簡述成： $--\Phi \quad \vdash \Phi$ ）

上面的推論規則可分別圖示並加以命名如下：

A.1 選言三段論式（disjunctive syllogism，簡稱 DS）

$$\frac{(\Phi \vee \Psi)}{\vdash \Psi} \quad 或 \quad \frac{(\Phi \vee \Psi)}{\vdash \Phi}$$

A.2 添加律（addition，簡稱 Add）

$$\frac{\Phi}{\vdash \Phi \vee \Psi} \quad 或 \quad \frac{\Psi}{\vdash \Phi \vee \Psi}$$

A.3 雙重否定（double negation，簡稱 DN）

$$\frac{\Phi}{\vdash --\Phi} \quad 或 \quad \frac{--\Phi}{\vdash \Phi}$$

B. 遊戲規則（對推論的一般陳述）

B.1 如果 $\Phi_1, \Phi_2, \Phi_3, \cdots\cdots \Phi_n$ 是給定的合法句式（通常叫做前提或前題）而 Ψ 是由前提中一個或一個以上句式經由 A 組規則推出的，我們就說由 $\Phi_1, \Phi_2, \Phi_3, \cdots\cdots \Phi_n$ 可推出 Ψ；簡單地寫作 $\Phi_1, \Phi_2, \cdots\cdots \Phi_n \quad \vdash \Psi$。

例子：$(A \vee B), -C, -D, -B$ 是給定的，但由於 A 可從 $(A \vee B)$ 及 $-B$ 推出，我們就說 $(A \vee B), -C, -D, -B \quad \vdash A$。

B.2 如果 $\Phi_1, \Phi_2, \Phi_3, \cdots\cdots \Phi_n$ 是前提而 $\Psi_1, \Psi_2, \cdots\cdots \Psi_m$ 分別由前提推出，那麼如果由 $\Phi_1, \Phi_2, \Phi_3, \cdots\cdots \Phi_n$ 及 $\Psi_1, \Psi_2, \Psi_3, \cdots\cdots \Psi_m$ 可推出 X，我們仍可說 $\Phi_1, \Phi_2, \Phi_3, \cdots\cdots \Phi_n \quad \vdash X$（這叫做**證明**）。

儘管對於規則的陳述我們盡力求其清楚明白，相信初閱的讀者難免感到一頭霧水。千萬不用慌張，更不必因此懷疑自己的學習能力；這無寧是很自然的現象。當我們學習一個新遊戲時，別人在旁跟我們耐心地解說規則、要領，在大多數的情形下我們都會感到那些解說好像距離遙遠，無法有貼心的體認，但等我們玩的次數（即練習的次數）夠多，這些規則、要領的

意義便益發顯露出來。因此，如果讀者不能馬上領會上面的陳述，大可不必感到焦慮。讓我們多加練習，來具體地了解上述的規則。

遊戲實例

1. 證明　$(P \lor (Q \lor R)), -P, -Q \quad \vdash R$

證明如下：由「$(P \lor (Q \lor R))$」和「$-P$」，經由選言三段論式規則，我們可推出「$(Q \lor R)$」。再由「$(Q \lor R)$」以及「$-Q$」，經由選言三段論式規則，我們可推出「R」。最後，我們據 B.2，我們可以說：$(P \lor (Q \lor R)), -P, -Q \vdash R$。對這個證明，我們可以有一個整齊的書寫方式：

$$
\begin{array}{lll}
\{1\} & 1.\,(P \lor (Q \lor R)) & p \\
\{2\} & 2.\,-P & p \\
\{3\} & 3.\,-Q & p \\
\{1,2\} & 4.\,(Q \lor R) & 1,2\ DS \\
\{1,2,3\} & 5.\,R & 3,4\ DS \\
\end{array}
$$

現在對這個書寫方式做一說明。由左往右看，有四個不同性質的縱列。第二縱列的各個阿拉伯數字表示推論的步驟行進的次序；第三縱列是每一步驟呈現出的狀況，即推論之結果；第四縱列是每一步驟所以如此的說明：因為 1, 2, 3 行只是給定的合法句式，我們用小寫的「p」表示各行只是前提；第 4 行是由 1, 2 行據 DS 規則推出的，我們就寫「1, 2 DS」；第 5 行由 3, 4 行據 DS 規則而得，我們就寫「3, 4 DS」。關於第一縱列的各個符號是表示它右邊該合法句式究竟根據什麼樣的前提得到的：第 4 行用到 1, 2 行而 1, 2 行本身就是前提，我們就寫成「{1, 2}」；第 5 行用到 3, 4 行，3 本身是前提而 4 用到 1, 2 前提，因此，我們就寫成「{1, 2, 3}」；至於前提本身因為是給定的，在某個意義下，它們只依賴自己，因此我們各別地用「{1}」、「{2}」和「{3}」放在 1, 2, 3 行的最左端。這個標示每行所用的前提的辦法，一方面可讓人一清二楚，另一方面還有好些邏輯含義，這在往後的學習中自能更加體會，此處不早作闡述。

2. 證明 $(P \lor Q), ---P \vdash Q$

{1}	1. $(P \lor Q)$	p
{2}	2. $---P$	p
{2}	3. $-P$	2, DN
{1, 2}	4. Q	1, 3 DS

3. 證明 $(--P \lor -Q), ---P, (Q \lor (R \lor S)), -S \vdash R$

（一個非正式的約定，因為一般講來最外圈的左右括弧有與沒有都不會產生誤解，因此，我們可把它們加以省略。）據此，此例可寫作：

證明 $--P \lor -Q, ---P, Q \lor (R \lor S), -S \vdash R$

{1}	1. $--P \lor -Q$	p
{2}	2. $---P$	p
{3}	3. $Q \lor (R \lor S)$	p
{4}	4. $-S$	p
{1, 2}	5. $-Q$	1, 2 DS
{1, 2, 3}	6. $R \lor S$	3, 5 DS
{1, 2, 3, 4}	7. R	4, 6 DS

4. 證明 $P \lor R, -P \lor (S \lor T), -U \lor -(S \lor T), U \vdash --R$

{1}	1. $P \lor R$	p
{2}	2. $-P \lor (S \lor T)$	p
{3}	3. $-U \lor -(S \lor T)$	p
{4}	4. U	p
{4}	5. $--U$	4, DN
{3, 4}	6. $-(S \lor T)$	3, 5 DS
{2, 3, 4}	7. $-P$	2, 6 DS
{1, 2, 3, 4}	8. R	1, 7 DS

$\{1, 2, 3, 4\}$　9. – –R　　　　　　　8, DN

5. 證明　　P ∨ R, – – –P, –R ∨ Q　├ P ∨ Q

　　　　　$\{1\}$　　1. P ∨ R　　　　　　p

　　　　　$\{2\}$　　2. – – –P　　　　　p

　　　　　$\{3\}$　　3. –R ∨ Q　　　　　p

　　　　　$\{2\}$　　4. –P　　　　　　　2, DN

　　　　$\{1, 2\}$　　5. R　　　　　　　1, 4 DS

　　　　$\{1, 2\}$　　6. – –R　　　　　5, DN

　　　$\{1, 2, 3\}$　　7. Q　　　　　　3, 6 DS

　　　$\{1, 2, 3\}$　　8. P ∨ Q　　　　7, Add

練　習　題

證明下列各個推論。

　1. P ∨ (Q ∨ R), –P, – – –R　├ – – – –Q

　2. –P ∨ –R, Q ∨ P, – – –Q　├ – – –R

　3. –(P ∨ Q) ∨ R, P　├ – –R

　4. –P ∨ (Q ∨ R), –(P ∨ Q) ∨ –R, P　├ – –Q

　5. (P ∨ Q) ∨ –(R ∨ S), A, B, C, –C ∨ S, –P　├ Q ∨ D

§3　應用到日常推理上

　　我們上面的邏輯遊戲，可以應用到日常推理的活動上去。還記得本章開頭的那個領帶的故事嗎？如果我們有下面一種翻譯，那麼我們就可以把其中的推理方式展示出來。讓我們試著做做看。

　　以「P」代表「藍色領帶是你要選購的」，

　　以「Q」代表「紫色領帶是你要選購的」，

　　以「R」代表「紅色領帶是你要選購的」。

另外一方面，我們以「−」表示「並非」的意思，以「∨」表示「或者」的意思。那麼，我們就可以把那種選購領帶的推理呈現成下面的樣子：

$$P \lor (Q \lor R), -P, -Q \quad \vdash R$$

這是一個很簡單的推論，你大概一眼就可以看出來了吧。不過，這裡作者要插一段話以消除讀者可能會有的疑問。細心的讀者可以同意，當有三種選擇可能的時候，我們可以用「∨」把三種情況聯結起來，但在領帶的故事裡為什麼一定要譯成「P∨(Q∨R)」？難道不能譯成「(P∨Q)∨R」？兩者的意思有什麼不同呢？的確，這兩個合法句式所表達的意思沒有什麼差異，但在我們的遊戲裡還無法證明兩者可以互換；一直要到本書第二章的末了，我們才能通過證明顯示兩者可以互換。這多少說明了我們現在所知的遊戲是一個很有限制性的遊戲；在這個遊戲中，我們如果不幸把領帶故事中的推理方式譯成了

$$(P \lor Q) \lor R, -P, -Q \quad \vdash R$$

那麼我們就無法用規則證明這個推論。

　　現在讓我們回到如何將推論遊戲應用到日常推理的一般問題上。日常推理是用日常語言表達的，因此，我們的第一步便是把日常語言中的語句轉譯成我們遊戲中的符號。這種符號化過程有兩點需要注意。

　　a. 我們用大寫的英文字母（不論帶不帶足碼）個別對應地來翻譯中文裡結構最簡單的句子。首先，結構最簡單的句子，不得帶有**否定性**的成分。試看下列語句：

　　(a.1)　　張三不是登山協會的會員。

　　(a.2)　　李四沒有去過阿里山。

　　(a.3)　　王先生並非喜歡刮風的時候外出散步。

這些語句都不是結構最簡單的語句，因為其中含有「不」、「並非」、「沒有」等否定性的字眼。其次，結構最簡單的語句也不得帶有**選取式**的成分。試看下列語句：

　　(a.4)　　下課後，張三不是回宿舍就是上圖書館。

　　(a.5)　　丁先生明年要到歐洲或美洲去旅行。

　　(a.6)　　除非王武雄找到工作，否則林小姐是不嫁給他的。

以上三句也不是結構最簡單的語句，因為其中含有「不是……就是……」、「或」、「除非……否則……」等選取式的字眼。

　　b. 我們用「－」來翻譯否定性的字眼（即「並非」或其他同義語）；我們用「∨」來翻譯選取式的字眼（即「或者」或其他同義語）。

　　依據 a 中所提示的，我們可以提供一個小字典如下：

　　P＝張三是登山協會的會員（注意此中的否定性成分剔除了）；

　　Q＝李四去過阿里山；R＝王先生喜歡刮風時候外出散步；

　　S＝下課後，張三回宿舍；

　　T＝下課後，張三上圖書館（注意我們先把 a.4 析為兩句）；

　　U＝丁先生明年要到歐洲去旅行；

　　V＝丁先生明年要到美洲去旅行；

W = 王武雄找到工作；

X = 林小姐會嫁給王武雄。

再依據 b 中所提示的，我們可以把 a 中所提之語句分別符號化為：–P（對應 a.1）；–Q（對應 a.2）；–R（對應 a.3）；(S ∨ T)（對應 a.4）；(U ∨ V)（對應 a.5）；(W ∨ –X)（對應 a.6）。

一旦我們把日常推理中的語句依 a, b 提示的辦法轉譯成符號的合法句式，剩下的部份就是依推論規則來加以證明的工作了。讓我們來看一些實例。（證明部份留給讀者自證之）

應用例題

1. 中國、日本和韓國爭取亞洲籃球比賽的冠軍。日本和韓國均未獲勝。因此，中國得到亞籃冠軍。（小字典：P = 日本獲得亞籃冠軍；Q = 韓國獲得亞籃冠軍；R = 中國獲得亞籃冠軍。整個推理的翻譯為：P ∨ (Q ∨ R), –P, –Q ├ R)

2. 張老師常表示他明年要去日本或美國旅行。去一趟美國，開銷太大，他不可能明年去美國旅行。因此，張老師明年會去日本旅行或他另有其他旅行計劃。（小字典：P = 張老師明年要去日本旅行；Q = 張老師明年要去美國旅行；R = 張老師另有其他旅行計劃。整體翻譯是：P ∨ Q, –Q ├ P ∨ R)

3. 張三、李四和王五有一個人不會游泳。但事實上，李四不是不會，他只是不喜歡到游泳池來游泳。有人親眼看到張三自由式可以游一千公尺。因此，只有王五不會游泳。（小字典：P = 張三會游泳；Q = 李四會游泳；R = 王五會游泳。整體翻譯是：–P ∨ (–Q ∨ –R), – –Q, P ├ –R)

注意在 2, 3 例題中，我們翻譯時作了很多的省略。我們的著眼點是在推理上，凡是無關乎推理的，可以省去不譯。因此，「去一趟美國開銷很大」

或「李四不喜歡到游泳池來游泳」之類的語句均可置之不顧。此外，讀者也該注意到，我們可能根據一些句子的含義，做曲折性的處理。如「有人親見張三自由式可以游一千公尺」此句就被我們簡化成「張三會游泳」，因為前句的意思明顯地含有後面一句的意思，我們這樣做應該不成問題；事實上，如果硬是另用一個字母來表示「有人親見張三自由式可以游一千公尺」的意思，卻會破壞了整個的推理，使我們無法得到「王五不會游泳」的證明。因此，這種曲折性的處理十分必要。也由此可見符號化的翻譯技術也不是機械性的。

4. 張三除非會游泳，否則不會到基隆八斗子海邊去玩。張三到基隆八斗子海邊去玩。張三除非在暑假花了三十天去學游泳，否則他不會游泳。因此，張三在暑假花了三十天去學游泳。(小字典：P ＝ 張三會游泳；Q ＝ 張三到基隆八斗子海邊去玩；R ＝ 張三在暑假花了三十天去學游泳。整體翻譯是：$P \lor {-}Q, Q, R \lor {-}P \quad \vdash R$)

　　中文裡的「除非」(不管後面加不加「否則」)，通常的理解是「如果不是」的意思；如果就這個字面來看，我們此處學到的遊戲還無法處理它，但我們到第二章就可以處理「如果不是」這樣的字詞。就我們的符號而言，「除非」表達的正好是「∨」所能表達的意思；用「∨」來翻譯「除非」，完全不必更動句中的結構。像「除非張三用功，否則他不會及格」，我們的譯法就是「$P \lor {-}Q$」，而像「除非你不懂代數，否則這個問題是很容易解決的」，我們的譯法是：${-}R \lor S$，形式上完全保留原句中的結構。

練　習　題

將下列各推理先翻譯成符號式，然後加以證明。

1. 張三除非註過冊，否則他不能選課。張三並未註冊。因此，張三不能選課。（字典：P ＝ 張三註過冊；Q ＝ 張三能選課。）

2. 張三、李四和王五有一人代表學校參加大專盃網球賽。張三手受傷，不能代表學校參加比賽。因此，趙六、李四和王五三人有一人代表學校參加大專盃網球賽。（字典：P ＝ 張三代表學校參賽；Q ＝ 李四代表學校參賽；R ＝ 王五代表學校參賽；S ＝ 趙六代表學校參賽。）

3. 除非張三代表學校參賽，否則李四不會代表學校參賽。張三和王五有一個不代表學校參賽。但是，李四代表學校參賽。因此，王五不代表學校參賽。（字典請參照上題。）

4. 賈寶玉真心喜歡林黛玉或薛寶釵。除非薛寶釵有真性情，否則賈寶玉並非真心喜歡薛寶釵。除非薛寶釵沒有真性情，否則大觀園上下的人不都會讚美她。的確，大觀園上下的人都讚美寶釵。因此，賈寶玉真心喜歡林黛玉。（小字典如下：P ＝ 賈寶玉真心喜歡林黛玉；Q ＝ 賈寶玉真心喜歡薛寶釵；R ＝ 薛寶釵有真性情；S ＝ 大觀園上下的人都讚美薛寶釵。）

第二章 擴充我們的遊戲
—— 介紹「∧」與「→」

§1 兩個實際的例子

從第一章的學習中，讀者大概也可以認識到，當我們介紹有關「–」和「∨」的遊戲時，我們並不是在介紹一種隨意設想的娛樂性質的遊戲；如果真是這樣，該類遊戲也無法應用到日常推理上去。由此可見，遊戲之設計，其實背後有一目的；它是希望**推理的形式能夠理想地反映到遊戲的規則之中**。我們在第一章中也指出，該章所討論到的遊戲其實有很大的限制性；我們就提過，像「劉備、張飛或關羽曾受到曹操很大的禮遇」這樣的句子，到底該符號化成「$(P \vee Q) \vee R$」還是「$P \vee (Q \vee R)$」？在該種遊戲中，兩種符號化有著很大的差異。但依照我們的了解，似乎不該有什麼不同。因為我們的遊戲設計力求簡單，所以這類的限制性就成了必然之結果。從另一個角度來看，我們設想，有沒有辦法使遊戲複雜一點，以致可以克服此處所提的這類限制性。這樣的想法使我們想擴充原有的遊戲。除此之外，我們再舉兩個實際的例子，來說明遊戲應該擴充的道理。

首先假定有人做下面的推理：

張三或李四是 A 校的學生。已知李四雖然考上了 A 校，但他卻到 B 校上課。王五或趙六是 A 校的學生。趙六因為身體不好，從未到 A 校去註冊，雖然他也考上了 A 校。因此，張三和王五是 A 校的學生。

　　這樣的推理完全被我們接受，但此處我們該注意的是：在結論中，我們獲得的是一個複合性的資訊。一般性的常識告訴我們：一個複合性的資訊是可以拆開來使用的。例如，「臺北和高雄都是院轄市」就意謂著：臺北是院轄市，而且高雄也是院轄市。此外，兩個或兩個以上分離的資訊，也可以加以整合起來成一複合性的資訊。例如，「張三很勤儉」、「張三很用功」就不妨整合成「張三既勤儉又用功」。這類的考慮便促使我們設想：我們的遊戲設計不知道能否將複合性資訊這種可拆開使用、能整合分離資訊的特點反映出來？

　　現在再舉另一個例子：

　　　　如果人人都守交通規則，那麼交通秩序會比現在好得多。如果交通秩序比現在好得多，那麼我們都會的生活會比較舒適。如果我們都會的生活比較舒適，那麼都會的市民就會更加愛護自己的居住環境。因此，如果人人都守交通規則，那麼都會的市民就會更加愛護自己的居住環境。

上面這樣的推理是非常普通的例子。推理中所有的前提（即給定的部份）都是**條件句**型式，而結論（由「因此」所引領的部份）也是條件句的型式。條件句也傳達資訊，那是有條件的資訊。我們每天都會碰見它們。事實上，當你在計劃某件事情的時候，當你作某種有條件的許諾的時候，當我們政府官員在設想某種狀況應採取什麼樣的因應對策的時候，大家都在作有條件性的思考。這就促使我們設想：我們的遊戲規則能否反映條件性推理的一些基本形式？

　　基於上述諸方面的考量，我們覺得有擴充遊戲之必要。

§2　介紹新的遊戲及其規則

我們現在要把功能性角色的觀念予以擴大，以便容許更多新的成員。換句話說，可操控的符號增多了，我們要有新的有關合法句式的規定。合法句式的規定如下：

Ⅰ. 英文的大寫字母或加足碼的英文大寫字母（如：A_1, A_2……等等）個別地為一合法句式。

Ⅱ. 如果 Φ 與 Ψ 為合法句式，那麼以下均為合法句式：

$-\Phi, (\Phi \vee \Psi), (\Phi \wedge \Psi), (\Phi \rightarrow \Psi)$

Ⅲ. 合法句式必須由 Ⅰ 與 Ⅱ 規定中獲得。

而在遊戲規則方面，我們也要略作擴充：

1. 原先的規則可應用到新的一切合法句式上。此處將這些規則再簡單圖示如下：

A.1

$$\frac{\Phi \vee \Psi \quad -\Phi}{\vdash \Psi} \quad 或 \quad \frac{\Phi \vee \Psi \quad -\Psi}{\vdash \Phi} \quad 〔簡稱做 DS〕$$

A.2

$$\frac{\Phi}{\vdash \Phi \vee \Psi} \quad 或 \quad \frac{\Psi}{\vdash \Phi \vee \Psi} \quad 〔簡稱做 Add〕$$

A.3

$$\frac{\Phi}{\vdash --\Phi} \quad 或 \quad \frac{--\Phi}{\vdash \Phi} \quad 〔簡稱做 DN〕$$

2. 新加進的一些規則（關於「∧」的）：

A.4.1　如果碰到合法句式如 Φ 及 Ψ，則可推出（即得到）$(\Phi \wedge \Psi)$。
（簡述成：$\Phi, \Psi \;\; \vdash (\Phi \wedge \Psi)$）

A.4.2　如果碰到合法句式如 Φ 以及 Ψ，那麼可以推出 $(\Psi \wedge \Phi)$。
（簡述成：$\Phi, \Psi \;\; \vdash (\Psi \wedge \Phi)$）

A.5.1　如果碰到合法句式如 $(\Phi \wedge \Psi)$，那麼可以推出 Φ。
（簡述成：$(\Phi \wedge \Psi) \;\; \vdash \Phi$）

A.5.2　如果碰到合法句式如 $(\Phi \wedge \Psi)$，那麼可以推出 Ψ。
（簡述成：$(\Phi \wedge \Psi) \;\; \vdash \Psi$）

這新加進的四個極其簡單的規則告訴我們如何由分離的句式整合成複合式的句式（通常我們稱之為**連言** [conjunction]）；又告訴我們如何把一個複合式的句式拆開來使用。這些新規則可圖示並且加以命名如下：

A.4　附加律（the law of adjunction，簡稱 Adj）

$$\frac{\begin{array}{c}\Phi\\ \Psi\end{array}}{\vdash (\Phi \wedge \Psi)} \quad \text{或} \quad \frac{\begin{array}{c}\Phi\\ \Psi\end{array}}{\vdash (\Psi \wedge \Phi)}$$

A.5　簡化律（the law of simplification，簡稱 Simp）

$$\frac{(\Phi \wedge \Psi)}{\vdash \Phi} \quad \text{或} \quad \frac{\Phi \wedge \Psi}{\vdash \Psi}$$

3. 新加進的一些規則（關於「→」的）：

A.6　如果碰到合法句式如 $(\Phi \to \Psi)$ 以及 Φ，那麼可以推出 Ψ。
（簡述成：$(\Phi \to \Psi), \Phi \;\; \vdash \Psi$）

A.7　如果碰到合法句式如 $(\Phi \to \Psi)$ 以及 $-\Psi$，那麼可以推出 $-\Phi$。
（簡述成：$(\Phi \to \Psi), -\Psi \;\; \vdash -\Phi$）

A.8　如果碰到合法句式如 $(\Phi \to \Psi)$ 以及 $(\Psi \to X)$，那麼可以推出 $(\Phi \to X)$。（簡述成：$(\Phi \to \Psi), (\Psi \to X) \;\; \vdash (\Phi \to X)$）

A.9　如果碰到合法句式如 $(\Phi \to \Psi)$，那麼可以推出 $(-\Phi \vee \Psi)$。

（簡述成：$(\Phi \to \Psi)$　⊢ $(-\Phi \lor \Psi)$）

通常我們把 $(\Phi \to \Psi)$ 這樣的句式叫做**條件句**(conditional)或**假言**(hypothetical)，而把位居「→」左邊的部份（即 Φ）叫做前件 (antecedent)，而位居「→」右邊的部份（即 Ψ 的部份）叫做後件 (consequent)。上述中的前三個規則便反映著條件式的推理，而 **A.9** 則表達如何將**假言**轉換成**選言** (disjunction，即具備「$(\Phi \lor \Psi)$」型式的合法句式──我們第一章已介紹過的句式，只是為了不增加讀者的負擔，我們沒有寫出它的名稱而已）。現在我們將這些規則圖示並命名如下：

A.6　（條件句中）肯定前件即可肯定後件的規則

$$\frac{\begin{array}{c}\Phi \to \Psi \\ \Phi\end{array}}{⊢ \ \Psi}$$（簡稱 MPP，有些書簡作 MP）

A.7　（條件句中）否定後件即可否定前件的規則

$$\frac{\begin{array}{c}\Phi \to \Psi \\ -\Psi\end{array}}{⊢ \ -\Phi}$$（簡稱 MTT，有些書簡作 MT）

A.8　假言三段論式（也可稱做條件句的傳遞性）

$$\frac{\begin{array}{c}(\Phi \to \Psi) \\ (\Psi \to X)\end{array}}{⊢ \ \Phi \to X}$$（英文稱之為 hypothetical syllogism，簡作 HS）

A.9　假言轉成選言

$$\frac{(\Phi \to \Psi)}{⊢ \ (-\Phi \lor \Psi)}$$（簡作 CD）

4. 在新規則中，我們加進一個選言等冪式 (the law of idempotency)；這對我們後面的討論很有幫助，因此，也一併列在這裡。其規則如下：

A.10　如果碰到合法句式如 $(\Phi \lor \Phi)$，那麼可以推出 Φ。

（簡述成：$(\Phi \lor \Phi)$　⊢ Φ）

圖示如下：

$$\frac{\Phi \vee \Phi}{\vdash \Phi} \text{（簡作 Idem）}$$

從以上的敘述當中，讀者不難看出：第一章遊戲中所有的 A 組中的規則都一一收納於新規則之中，因此，本章的遊戲是前章遊戲的擴充。除了這些規則之外，我們還要增加下面一個規則：

5. 演繹定理 (the deduction theorem)，其內容是：

如果 $\Phi_1, \Phi_2, \cdots\cdots \Phi_n \quad \vdash \Psi$，

那麼 $\Phi_1, \Phi_2, \cdots\cdots \Phi_{n-1} \quad \vdash \Phi_n \to \Psi$

這一規則十分重要，我們可以把它的直覺含義例示如下：張三向某公司申請工作，經過考試、面試，張三可以確定該公司有可能會雇用他；他也打定了主意：如果該公司能①把月薪調整到三萬五；②補助一些醫療開銷；③給他弄一臺較新的電腦；④一年給他兩星期整的休假，那麼他一定會去該公司上班。公司很痛快地答應了他的前三個條件，但最後一項仍在考量中。張三或我們根據他的主意，會怎麼推想呢？我們或張三都會說：「如果公司給他兩星期整的休假，那麼他一定會去該公司上班。」這樣的推想就是類似演繹推理中的推論形式。

最重要的是，由演繹定理中我們發展出一個條件證法 (the conditional proof) 來。當我們要由 $\quad \Phi_1, \Phi_2, \Phi_3, \cdots\cdots \Phi_{n-1} \quad$ 諸前提證明一個條件句 $\Phi_n \to \Psi \quad$ 時，我們可以只證明下列一式：

$$\Phi_1, \Phi_2, \Phi_3, \cdots\cdots \Phi_{n-1}, \Phi_n \quad \vdash \Psi$$

換言之，我們把**條件句之前件**也當做一項前提來證明是否可以得到**條件句的後件**即可。此種條件證法，以後就簡作 CP。

讀者大概還記得，在第一章敘寫完了 A 組遊戲規則之後，我們另有一個有關推論的一般陳述。該陳述用到新遊戲來依舊不變，唯其中所提到之遊戲規則有增加而已。此處，我們就不再重覆了。

§3　遊戲實例

1. $(A \wedge B) \to C, (A \vee -D), (D \wedge -E), (B \vee E) \quad \vdash C$

$\{1\}$　1. $(A \wedge B) \to C$　　　　p

$\{2\}$　2. $(A \vee -D)$　　　　p

$\{3\}$　3. $(D \wedge -E)$　　　　p

$\{4\}$　4. $(B \vee E)$　　　　p

$\{3\}$　5. D　　　　3, Simp

$\{3\}$　6. $-E$　　　　3, Simp

$\{3\}$　7. $--D$　　　　5, DN

$\{2, 3\}$　8. A　　　　2, 7 DS

$\{3, 4\}$　9. B　　　　4, 6 DS

$\{2, 3, 4\}$ 10. $(A \wedge B)$　　　　8, 9 Adj

$\{1, 2, 3, 4\}$ 11. C　　　　1, 10 MPP

關於這個證明的這種書寫方式，請參照第一章遊戲實例中的解釋，此處不再重覆。

2. $(A \to B) \wedge C, -C \vee (B \to D), A \wedge (-D \vee E) \quad \vdash E$

（在不發生誤會的情況下，合法句式最外圈的左右括弧可以省略。）

$\{1\}$　1. $(A \to B) \wedge C$　　　　p

$\{2\}$　2. $-C \vee (B \to D)$　　　　p

$\{3\}$　3. $A \wedge (-D \vee E)$　　　　p

$\{1\}$　4. $A \to B$　　　　1, Simp

$\{3\}$　5. A　　　　3, Simp

{1, 3} 6. B		4, 5 MPP
{1} 7. C		1, Simp
{1} 8. – –C		7, DN
{1, 2} 9. B → D		2, 8 DS
{1, 2, 3} 10. D		6, 9 MPP
{3} 11. –D ∨ E		3, Simp
{1, 2, 3} 12. – –D		10, DN
{1, 2, 3} 13. E		11, 12 DS

3. A → (B ∧ C), C → (–B ∨ D), –E → –D   ⊢ A → E

（我們用此題來說明條件證法）

{1} 1. A → (B ∧ C)		p
{2} 2. C → (–B ∨ D)		p
{3} 3. –E → –D		p
{4} 4. A		p*

（我們欲從前提求得「A → E」這個結論。因為它是條件句，我們把「A」
（即條件句的前件）也放進前提中，現在我們是要求得「E」（即條件句的
後件）。「A」不在原前提中，所以我們加一個「*」號以誌別之。）

{1, 4} 5. B ∧ C		1, 4 MPP
{1, 4} 6. C		5, Simp
{1, 2, 4} 7. –B ∨ D		2, 6 MPP
{1, 4} 8. B		5, Simp
{1, 4} 9. – –B		8, DN
{1, 2, 4} 10. D		7, 9 DS
{1, 2, 4} 11. – –D		10, DN
{1, 2, 3, 4} 12. – –E		3, 11 MTT
{1, 2, 3, 4} 13. E		12, DN

{1, 2, 3} 14. A → E　　　　　　　　　　4, 13 CP

請讀者注意第13、第14行。有了1, 2, 3, 4四個前提，我們可以推出第13行；倘若我們只有1, 2, 3三個前提，那麼我們就只有得出第14行。這就是演繹定理的應用。用一個方式講，有了1, 2, 3, 4四個條件，我們可得出第13行；倘若只有1, 2, 3三個條件，我們得出的是一個有條件的結論，即：如果有4，那麼就有13的情形；這就是第14行了。請讀者注意我們對此一證明的書寫方式：在第14行的說明上我們取第4行(那個暫時性的前提)及第13行，另加一個「CP」的字樣，而在最左邊的前提上，務必指出第14行已無需第4行這個前提。第4行已當作條件句之前件了。

4. P → Q, –P → Q　⊢ Q

　　　　{1}　1. P → Q　　　　　　　　p

　　　　{2}　2. –P → Q　　　　　　　　p

　　　　{3}　3. –Q　　　　　　　　　　p*（加進去作新前提）

　　{1, 3}　4. –P　　　　　　　　　　1, 3 MTT

　　　　{1}　5. –Q → –P　　　　　　　3, 4 CP（用了一次CP）

　　{1, 2}　6. –Q → Q　　　　　　　　2, 5 HS

{1, 2, 3}　7. – –Q　　　　　　　　　3, 6 MTT

　　{1, 2}　8. –Q → – –Q　　　　　　3, 7 CP（再用了，完成另一次CP）

　　{1, 2}　9. – –Q ∨ – –Q　　　　　8, CD（從8到9最重要）

　　{1, 2} 10. – –Q　　　　　　　　　9, Idem

　　{1, 2} 11. Q　　　　　　　　　　10, DN

（這個推論形式經常會用到。它有一個名稱，叫做二難式 (dilemma)：正反兩題均導致同一結果之謂也。）

5. P → Q, R → S, P ∨ R　⊢ Q ∨ S

　　　　{1}　1. P → Q　　　　　　　　p

　　　　{2}　2. R → S　　　　　　　　p

{3}	3. $P \lor R$	p
{4}	4. $-P$	p*（初學者也許不容易想到這個假設。但在玩遊戲時，可試各種辦法。）
{3, 4}	5. R	3, 4 DS
{2, 3, 4}	6. S	2, 5 MPP
{2, 3, 4}	7. $Q \lor S$	6, Add
{2, 3}	8. $-P \to (Q \lor S)$	4, 7 CP（用一次 CP）
{9}	9. $-(Q \lor S)$	p*
{2, 3, 9}	10. $--P$	8, 9 MTT
{2, 3, 9}	11. P	10, DN
{1, 2, 3, 9}	12. Q	1, 11 MPP
{1, 2, 3, 9}	13. $Q \lor S$	12, Add
{1, 2, 3, 9}	14. $--(Q \lor S)$	13, DN（因為要湊成下面之形式）
{1, 2, 3}	15. $-(Q \lor S) \to --(Q \lor S)$	9, 14 CP（再用一次 CP）
{1, 2, 3}	16. $--(Q \lor S) \lor --(Q \lor S)$	15, CD
{1, 2, 3}	17. $--(Q \lor S)$	16, Idem
{1, 2, 3}	18. $Q \lor S$	17, DN

這也是一個極常見的推論形式。初學者一定比較不容易理解，第 4 行、第 9 行從何而來？這只有多做練習才能較有心得。事實上，條件證法容許我們加入任何暫時性的假設；我們就可以在走投無路時，利用各個新假設看看能推動多遠。但我們也不是亂假設一通，我們眼光一直注視著能否得到我們所要的東西。像上面一題，只要我們假設「-P」、「-R」、「-Q」、或「-S」任何一項，都可以使推論「行動」起來，而不至於停滯不前。此外，反覆參考規則也是必要的。細心的讀者會發現，你能很容易地證明出兩個式子：「P → (Q ∨ S)」以及「-P → (Q ∨ S)」。然後利用上一題的辦法，證明你所要的答案。

關於使用規則的進一步討論：

A. 我們實例中的第 4 和第 5 個實例是兩個很有用的推論模式，在很多證明中都用得上。因此，我們不妨把它們的一般形式也看成是可以援用的引申規則 (derived rules)。雖然作者在第二章中一直不願意使用引申規則，但事實上，如果我們在證明推論時必須一再使用實例 4 或實例 5，那麼我們倒不如直接用上這組引申規則、一切會省事得多。現在把這組引申規則寫下：

$$
\begin{array}{c}
\Phi \to \Psi \\
-\Phi \to \Psi \\
\hline
\vdash \Psi
\end{array}
\qquad\qquad
\begin{array}{c}
\Phi \lor \Psi \\
\Phi \to X_1 \\
\Psi \to X_2 \\
\hline
\vdash (X_1 \lor X_2)
\end{array}
$$

(D-rule 1)　　　　　　(D-rule 2)

在證明中的書寫方式用例子來顯示：

1. $P \to (Q \to R), P \to Q, -P \to (-S \to R), S \to P \quad \vdash R$

{1}	1. $P \to (Q \to R)$	p
{2}	2. $P \to Q$	p
{3}	3. $-P \to (-S \to R)$	p
{4}	4. $S \to P$	p
{5}	5. P	p*
{2, 5}	6. Q	2, 5 MPP
{1, 5}	7. $(Q \to R)$	5, 1 MPP
{1, 2, 5}	8. R	6, 7 MPP
{1, 2}	9. $(P \to R)$	5, 8 CP
{10}	10. $-P$	p*
{3, 10}	11. $(-S \to R)$	3, 10 MPP
{4, 10}	12. $-S$	10, 4 MTT
{3, 4, 10}	13. R	11, 12 MPP

{3, 4}	14. −P → R	10, 13 CP
{1, 2, 3, 4}	15. R	9, 14 D-rule1

2. P ∨ Q, P → (R → M), Q → (R → N), R ∧ S,　├ (M ∨ N)

{1}	1. P ∨ Q	p
{2}	2. P → (R → M)	p
{3}	3. Q → (R → N)	p
{4}	4. R ∧ S	p
{4}	5. R	4, Simp
{6}	6. P	p*
{2, 6}	7. R → M	2, 6 MPP
{2, 4, 6}	8. M	5, 7 MPP
{2, 4}	9. P → M	6, 8 CP
{10}	10. Q	p*
{3, 10}	11. R → N	3, 10 MPP
{3, 4, 10}	12. N	5, 11 MPP
{3, 4}	13. Q → N	10, 12 CP
{1, 2, 3, 4}	14. (M ∨ N)	1, 9, 13 D-rule 2

B. 關於條件證法：有些地方要特別注意。

3. (A ∧ B)　├ (A → B) ∧ (B → A)

{1}	1. (A ∧ B)	p
{2}	2. A	p*
{1}	3. B	1, Simp
{1, 2}	4. (A ∧ B)	2, 3Adj
{1, 2}	5. B	4, Simp
{1}	6. (A → B)	2, 5 CP
{7}	7. B	p*

{1}	8. A		1, Simp
{1, 7}	9. (B ∧ A)		7, 8Adj
{1, 7}	10. A		9, Simp
{1}	11. (B → A)		7, 10 CP
{1}	12. (A → B) ∧ (B → A)		6, 11Adj

討論: 有一些人不理解為什麼要有 4, 5 兩行或 9, 10 兩行, 他們認為何以不能直接地寫成下面的證明?

{1}	1. (A ∧ B)	p		{1}	1. (A ∧ B)	p
{2}	2. A	p*		{2}	2. B	p*
{1}	3. B	1, Simp		{1}	3. A	1, Simp
{1}	4. (A → B)	2, 3CP		{1}	4. (B → A)	2, 3 CP

（或）

理論上這樣做也不能算錯, 有些書就認為只要條件句之後件已給出或證明出來, 那麼我們可以任意地加上任何前件。但我們不鼓勵這樣做。(1)演繹定理（條件證明法）告訴我們一個條件句證明出來時, 都是以移出一個前提的方式來進行的。(2)我們希望放進去的新假設跟要導出的東西有一點關聯; 如果它是已有的或已證出的, 那麼最好的辦法是用 Adj 把它們合在一起, 以示關聯。

練 習 題

試證明下列各式（注意合法句式最外圈的括號已取消）：

1. A, E, B ∧ C, D ∧ F ⊢ (((A ∧ B) ∧ C) ∧ F) ∧ D

2. (A ∧ B) ∧ (C ∧ D), −(B ∧ D) ∨ E ⊢ E

3. A ∧ (B ∧ C), A → D, C → E, B → F ⊢ (D ∧ F) ∧ E

4. A ∨ A, (A ∧ B) → C, (−A ∨ B) ∧ D, (B ∧ D) → E ⊢ C ∧ E

5. A → B, −A → D, B → D ⊢ D

6. A ∨ (B ∨ C), −A ∧ −B, C → D ⊢ D

7. A ∧ (B ∧ C), A → −L, B → −I, L ∨ (I ∨ H) ⊢ −−H

8. A → (B ∧ C), M → −B, N → −C, (A ∨ −D) ∧ D ⊢ −M ∧ −N

9. A ∨ B, C → (D → −B), C → D, C ∧ E ⊢ −−A

10. (A → B) → (C ∧ D), A → −E, F → E, −F → B ⊢ −−D

11. A → B, −A ∨ C, (− −A ∧ D) ∨ − − −E, E ⊢ B ∧ C

12. −A ∨ (B ∨ B), − − −A → −C, −C → − −D, −D ∧ −E ⊢ B

13. A → (B → C) ⊢ B → (A → C)

14. (P ∨ Q) → R ⊢ Q → (R ∨ S)

15. P ∨ Q, −P, (Q ∨ R) → S ⊢ S ∨ T

16. (P → Q) → R, P → S, (N ∧ S) → Q, (N ∨ −P) ∧ M ⊢ R

17. (A → B) → P, (−B ∧ C) → (A → E), E → (F ∧ B), B → −B,
　　−B → C ⊢ P

§4　應用到日常推理上

A. 首先，我們要弄清楚「∧」與日常的哪些語詞最為接近，或者說要弄明白把「∧」解釋成什麼樣的語詞較妥當。大抵上，我們可以把「∧」解讀成「而且」。請看底下的例子。如果我們有兩個基本資訊：

　　P＝臺北市是院轄市；Q＝高雄市是院轄市。

把兩個資訊統合在一起，我們可以說：

　　（不但）臺北市是院轄市，而且高雄市（也）是院轄市。

用符號加以表示，即成：$(P \wedge Q)$。細心的讀者一定會說，為了表達那個複合式的資訊，何必一定要用「而且」，我們可以用其他的語詞來表達同樣的資訊內容。比如下面的說法豈非傳達同樣的內容？

　　(i)臺北市**和**高雄市都是院轄市。（除了「和」字以外，日常語言中的「與」、「以及」、「跟」都有類似的作用。）

　　(ii)臺北市是院轄市，高雄市**也**是院轄市。

　　(iii)**雖然**臺北市是院轄市，（但）高雄市也是院轄市。

日常語詞十分豐富，我們得承認要表達同一個資訊內容的確有很多不同的方式。無論如何，如果我們要表達「∧」的意思，我們必須記住一點：我們用來解釋「∧」的中文語詞是連綴兩個資訊的才行。我們不可就**表面的意思**來理解此點，必須**深究**所用語詞有沒有連綴兩個資訊才能做出妥當的符號翻譯。注意下面的語句：

　　(iv)張三和李四是同學。

　　(v)梁啟超與孫中山在北京會面過兩次。

(vi)王武雄和丁小蘭是夫婦。

(vii)高雄市跟臺北市有一段很遠的距離。

這些語句都表示兩個人或兩個地點之間的關係，都不適宜用 ($\Phi \wedge \Psi$) 這樣的句型來加以表達。但下面的語句因為明顯地整合兩個資訊，便可以用連言方式（即 ($\Phi \wedge \Psi$) 句型）來加以符號化：

(viii)張三和李四都是交通大學的學生。

(ix)梁啟超與孫中山都是住過北京的。

(x)王武雄和丁小蘭都喜歡侯孝賢的電影。

(xi)高雄市跟臺北市都欠缺良好的治安。

B. 下面是幾個簡單的日常推理

a. 張三、李四和王五競選臺東市長（常識告訴我們，市長只有一位）。張三和王五都沒有當選。因此，李四當選為臺東市長。

（翻譯示範：P = 張三當選為臺東市長；Q = 李四當選為臺東市長；R = 王五當選為臺東市長。）整體推理形式：

$$P \vee (Q \vee R), -P \wedge -R \quad \vdash Q$$

（證明極其簡單，留給讀者自證之。）

b. 張三和李四都是臺南市人。除非李四不是臺南市人，否則他不會替臺北人講話。因此，李四是臺南市人，而且他不會替臺北人講話。

（翻譯示範：P = 張三是臺南市人；Q = 李四是臺南市人；R = 李四會替臺北人講話。）整個形式：

$$P \wedge Q, -Q \vee -R \quad \vdash Q \wedge -R$$

c. 雖然無法排除張三或李四有涉案的可能性，但是王五或趙六的嫌疑也

不小。經過詳細調查，張三在案發當天遠在國外，而趙六也有很可靠的不在場證明。因此，此案的嫌疑犯就只有李四和王五了。

（P＝張三是嫌疑犯；Q＝李四是嫌疑犯；R＝王五是嫌疑犯；S＝趙六是嫌疑犯。）整個之推理形式如下：

$$(P \lor Q) \land (R \lor S), -P \land -S \quad \vdash \quad Q \land R$$

d. 王維和白居易是唐代偉大的詩人，而蘇東坡與歐陽修是宋代偉大的詩人。除非白居易不是唐代偉大的詩人，否則柳宗元就是唐代偉大的詩人。除非歐陽修不是宋代偉大的詩人，否則黃庭堅就是宋代偉大的詩人。因此，柳宗元是唐代偉大的詩人，而黃庭堅是宋代偉大的詩人。

（P＝王維是唐代偉大的詩人；Q＝白居易是唐代偉大的詩人；R＝蘇東坡是宋代偉大的詩人；S＝歐陽修是宋代偉大的詩人；T＝柳宗元是唐代偉大的詩人；U＝黃庭堅是宋代偉大的詩人。）以上為各句的縮寫，整個推理形式可譯寫如下：

$$(P \land Q) \land (R \land S), -Q \lor T, -S \lor U \quad \vdash \quad T \land U$$

（注意：「除非」對應「∨」，而且**不更動原句之結構。**）

C. 現在讓我們來看看，「→」在日常語言中要做怎樣的解釋才比較妥當？

　　一般說來，我們用「如果……，那麼……」來翻譯「→」；反之亦然。像「P→Q」這樣的合法句式，用日常語言來說就是「如果 P，那麼 Q」。但日常語言要表達這個「P→Q」，可以有很多不同但大抵可表達相同含意的方式。像下面的語句：

　　(i)如果張三是臺南市人，那麼他是臺灣人。

可用下面幾個方式加以表達（讀者要注意其中細微之處）：

　　(ii)張三是臺南人**乃**是他是臺灣人的**充分條件**。

(ⅲ)張三是臺灣人乃是他是臺南人的**必要條件**。

(ⅳ)**只要**張三是臺南市人，他**就**是臺灣人。

(ⅴ)張三**只有**是臺灣人，他**才**是臺南市人。

　　當然還有其他的表達方式；上述五種方式是比較常見的，其中第(ⅳ)、第(ⅴ)個例子最讓人頭疼，初學者往往會弄混了。你要記住：一般而論，「只要」是引領著充分條件（即條件句中的前件部份），而「只有」是引領著必要條件（即條件句中的後件部份）。像「如果 a 可以被 4 整除，那麼 a 就可以被 2 整除」這樣的句子，就可以用下面兩個不同的方式表示之：

(ⅵ)**只要** a 可以被 4 整除，a **就**可以被 2 整除。

(ⅶ)**只有** a 可以被 2 整除，a **才**可以被 4 整除。

關於這些方式的認識、理解，只有多看實例，多留心句子的結構與含意，才會比較得心應手。讀者不必為一時未能完全理解而產生焦慮，每一種學習都有經過比較困惑的階段，邏輯何獨不然？

D. 應用實例

1. 如果你能平天下，那麼你必能治國。如果你能治國，那麼你必能齊家。現在，你不能齊家。所以，你不能治國，也不能平天下。

   （P ＝ 你能平天下；Q ＝ 你能治國；R ＝ 你能齊家。）整體之推理形式：

   $$P \to Q, Q \to R, -R \quad \vdash \quad -Q \wedge -P$$

   （證明簡單，由讀者自證之。）

2. 如果天下雨會讓地濕，那麼你必須穿雨靴。地濕的充分條件是天下雨。因此，你必須穿雨靴。

   （P ＝ 天下雨；Q ＝ 地濕；O ＝ 你必須穿雨靴。）推理形式為：

   $$(P \to Q) \to O, P \to Q \quad \vdash \quad O$$

（在此例中，讀者應注意第一個句子之符號化。）

3. 畢業後，你要麼進研究所、要麼尋找工作。如果你進研究所，那麼你必須多看點書。你若尋找工作，那麼你必須多與師長聯絡。因此，你必須多看點書或者多與師長聯絡。

（P ＝ 你進研究所；Q ＝ 你尋找工作；R ＝ 你必須多看點書；S ＝ 你必須多與師長聯絡。）整個推理形式：

$$P \vee Q, P \rightarrow R, Q \rightarrow S \quad \vdash R \vee S$$

（本推論之證明，請參照本章第三節之第 5 實例，此處不再重覆。）

4. 嫌疑犯必定在張三和李四兩人之中。但張三有很可靠的不在場證明。如果李四是嫌疑犯，那麼只有在李四擁有大量的現鈔的情形下李四才得以偷渡出境。據我們所知，李四好賭而且身上一文不名。因此，李四無法偷渡出境。

（P ＝ 張三是嫌疑犯；Q ＝ 李四是嫌疑犯；R ＝ 李四擁有大量現鈔；S ＝ 李四能偷渡出境；T ＝ 李四好賭。）推理形式：

$$P \vee Q, -P, Q \rightarrow (S \rightarrow R), T \wedge -R \quad \vdash -S$$

（注意：在這個實例以及其他可能碰到的日常推理中，我們的符號化翻譯永遠不是機械性的逐字翻譯；如果是那樣，我們一定很難把推理形式顯示出來。我們的著眼點主要在於此一推理背後的推論形式，許多細節必須省略處理，許多語句要用其他語句代替。如：「張三有很可靠的不在場證明」，就讓我們能用「張三不是嫌疑犯」代替；而「李四身上一文不名」使我們有足夠的理由肯定：李四並未擁有大量現鈔。只有通過這樣的轉換，我們才能把原推理中的形式彰顯出來。讀者於此應該細細玩味。）

5. 張三和李四競選市長。任何人要贏得選舉必須在南區獲勝。張三在南區得票輸給了李四。因此，李四當選為市長而且在南區獲勝。

(P = 張三當選為市長；Q = 李四當選為市長；R = 張三在南區獲勝；S = 李四在南區獲勝。注意：我們現在還無法處理「任何人」〔在第四章裡我們便有辦法處理〕，但此處比較可行的辦法就是把原來的意思只應用到張三和李四兩人身上。）所以，整個推理形式為：

$$P \lor Q, P \rightarrow R, Q \rightarrow S, -R \quad \vdash \quad Q \land S$$

練　習　題

【日常推理的應用】

將以下各個推理先譯成符號句，然後再把結論由前提中推論出來。每一題的基本縮寫符號都已給定。

1. 張三和李四都是 A 校的學生。A 校的學生都喜歡唱歌。如果李四喜歡唱歌而且又喜歡張雨生，那麼他一定有張雨生的唱片。但，李四卻沒有張雨生的唱片。因此，李四不喜歡張雨生。(P = 張三是 A 校的學生；Q = 李四是 A 校的學生；R = 張三喜歡唱歌；S = 李四喜歡唱歌；T = 李四喜歡張雨生；U = 李四有張雨生的唱片。注意：此題中的第二句又是一個麻煩的句子。跟上面實例中的情況一樣〔參考實例 5〕，你可以把這種一般性的描述只應用到張三和李四身上而成為下面兩個句式：「(P → R)」以及「(Q → S)」。其他的翻譯留給讀者。）

2. 如果張三用功就會及格，那麼張三（一定）用功。如果張三用功，他會發現讀書也是很有意思的事情。張三只有進步，才會發現讀書是很有意思的事情。只要他進步，他就會及格。因此，張三（一定）會用功。

   (P = 張三（一定）用功；Q = 張三及格；R = 張三發現讀書是很有意思的事情；S = 張三進步。注意：在此題符號化的翻譯過程中，你要留心第一句的翻譯；在處理此句的翻譯之前，最好參考一下上面實例中的第 2 個實例。此外，也要留心「只要」和「只有」之別，最好在翻譯前看一下我們對於這兩個詞語的討論〔參照本節中討論條件句的地方〕。）

3. 張三和李四都是哲學會的會員。如果李四是哲學會的會員，那麼只要他愛護哲學會他一定會繳納會費。李四並未繳納會費。倘若李四不繳納會費並且也不愛護哲學會，那麼哲學會應該取消他的會員資格。因此，哲學會應該通知他繳會費或者取消他的會員資格。(P = 張三是哲學會的會員；Q = 李四是哲學會的會員；R = 李四愛護哲學會；S = 李四繳納會費；T = 哲學會應該取消李四的會員資格；U = 哲學會應該通知李四繳會費。)

4. 張三會打籃球，而李四只會打網球卻不會打籃球。任何不會打籃球的人除非為了看球或當啦啦隊，否則不會到籃球場來。李四跟他的朋友王五都來到籃球場。但是，李四並不想當啦啦隊。因此，李四是想來看球。

   (A = 張三會打籃球；B = 李四會打網球；C = 李四會打籃球；D = 李四想來看球；E = 李四想當啦啦隊；F = 李四來到籃球場；G = 李四的朋友王五來到籃球場。注意：在翻譯此題中的第二句時，務必先參照本節中的第 5 個實例。此外，你要注意「除非」一詞，在保留原來句子的結構下，你可用「∨」去譯它。請參照第一章中的討論。)

5. 張三的戶籍在臺中而李四的戶籍在臺南。戶籍設在臺中的人不可能在臺北投票；戶籍設在臺南的人也不可能在臺北投票。在臺北收受選舉賄賂的人必須能在臺北投票。因此，張三和李四都沒有在臺北收受選舉賄賂。

   (P = 張三的戶籍設在臺中；Q = 李四的戶籍設在臺南；R = 張三能在臺北投票；S = 李四能在臺北投票；T = 張三在臺北收受選舉賄賂；U = 李四在臺北收受選舉賄賂。) 注意：翻譯此題，一定要參考本節第 5 個實例。我們在此示範一下：

   $P \wedge Q, (P \rightarrow -R) \wedge (Q \rightarrow -S), (T \rightarrow R) \wedge (U \rightarrow S) \quad \vdash \quad -T \wedge -U$

第三章　雙條件句、邏輯定理、歸謬法以及等值式互換規則

　　本章所要討論的主題仍然是第二章遊戲範圍有關的事物，因此，本章其實是第二章遊戲的延續。在第一節當中，我們要介紹一個新句型──「($\Phi \leftrightarrow \Psi$)」，也就是介紹有關「$\leftrightarrow$」的遊戲；我們的介紹會很簡短，因為這是兩個條件句的合成品，並沒有任何新奇之處。之所以在本章加以介紹，主要是在日常推理中也有意義類似的語詞，我們不想有所遺漏。其次，我們要討論一下**無前提卻可以加以證明**的合法句式，比如說，「P → P」、「−(A ∧ −A)」、「A ∨ −A」就是這樣的句式；它們很特別，可以稱之為純邏輯定理 (purely logical theorems)。在第三節中，我們要介紹歸謬法；這是推論方法中常見的一種，但迄至目前為止我們尚未加以討論。最後，我們要引進等值式互換規則；根據這個規則，兩個**表面上不同而其邏輯含義無別**的合法句式可以在任何情況下互相替代，比如說，「A ∧ A」與「A」就是可以互換的兩個合法句式。無論是歸謬法或是等值式互換規則，其作用主要是讓我們較順利地、較簡捷地作推論證明工作；換言之，它們幫助我們把第二章的遊戲玩得更靈巧、更活潑。理論上講，相對於第二章的遊戲規則，它們是**沒有必要**的，是可省卻的部份；但是，由於它們往往可以讓我們節省許多推論的步驟、加速我們的推論，我們最好對它們多加利用。

§1　雙條件句

在日常推理中，我們有時候會碰到下面的情形：

張三能成為張小妹的監護人，必須滿足四個條件：張三有正當職業且收入在中等以上，張三是張小妹的親戚，張三有正常的家庭。我們知道：張三是張小妹的叔叔。張三在銀行當襄理。張三已婚，有一兒一女，跟妻子關係良好。

根據所給的資訊，我們大概會這樣想：張三是張小妹的叔叔，自然是她的親戚；他有兒有女而且夫妻和睦，可算得上有正常的家庭；一個在銀行當襄理的人，自然是有正當職業的人，而且收入肯定在中等人家以上。四樣條件張三樣樣具備，張三當然可以成為張小妹的監護人。從另一方面來看，就給定的資訊而言，張三若不具備所列全部的四項條件，張三就不能成為張小妹的監護人。

如果我們以下面的符號來翻譯此一推理中開頭講到條件的那些最簡單的語句：

P = 張三能成為張小妹的監護人；

Q = 張三是張小妹的親戚；

R = 張三有正當職業；

S = 張三的收入在中等以上；

T = 張三有正常家庭；

那麼我們必須有以下的符號化才能把意思表示完整：

$$[P \rightarrow ((R \wedge S) \wedge (Q \wedge T))] \wedge [((R \wedge S) \wedge (Q \wedge T)) \rightarrow P]$$

左邊條件句指出張三要成為張小妹的監護人應有的四條件，而右邊指出張三滿足了四條件，就必然可以成為張小妹的監護人。

　　這種兩組資訊互為**充分條件**，互為**必要條件**的情形，在法律文書上或在數學的文獻上特別容易見到。所以，我們也許可以設定一個特殊符號來表達這種既為充分條件又為必要條件的情況。

　　一如上面討論到張三的情形，這個特殊符號應該是代表著兩個條件句的含意。「↔」就是這裡採用的符號。新符號來了，我們要略加修訂**合法句式**的規定。這並不困難，因為我們加進去的只是一條如下的新規定：

　　a) 如果 Φ 和 Ψ 都是**合法句式**，那麼 $(\Phi \leftrightarrow \Psi)$ 也是**合法句式**。

「$\Phi \leftrightarrow \Psi$」這樣的句型，稱之為雙條件句型，這一類的合法句式就是**雙條件句 (bi-conditional)**。

關於「↔」的遊戲規則：

　　b) 如果碰到 $(\Phi \leftrightarrow \Psi)$，你可以推出 $(\Phi \rightarrow \Psi)$ 而且也可以推出 $(\Psi \rightarrow \Phi)$。

　　c) 如果碰到 $(\Phi \rightarrow \Psi)$ 以及 $(\Psi \rightarrow \Phi)$，你可以推出 $(\Phi \leftrightarrow \Psi)$。

規則及其名稱圖示如下：

$$\frac{(\Phi \leftrightarrow \Psi)}{\vdash (\Phi \rightarrow \Psi)} \qquad \frac{(\Phi \leftrightarrow \Psi)}{\vdash (\Psi \rightarrow \Phi)} \qquad \frac{\begin{array}{c}(\Phi \rightarrow \Psi)\\(\Psi \rightarrow \Phi)\end{array}}{\vdash (\Phi \leftrightarrow \Psi)}$$

這兩個是由雙條件句　　　　這個是由條件句推出

推出條件句，簡稱 BC。　　雙條件句，簡稱 CB。

　　（此節所講的句式規定及遊戲規則，會被整合到第二章的遊戲規定中去。在本章之後我們加了一個附錄，其中對此種整合情況有一完整的呈現。）

遊戲實例

1. P↔Q ├ (P→R)↔(Q→R)

（結論是由兩個條件句組成，我們的證明就在求得下面兩個條件句：
「(P→R)→(Q→R)」以及「(Q→R)→(P→R)」。）

{1}	1. P↔Q	p
{2}	2. P→R	p*
{1}	3. P→Q	1, BC
{1}	4. Q→P	1, BC
{1, 2}	5. Q→R	2, 4 HS
{1}	6. (P→R)→(Q→R)	2, 5 CP
{7}	7. Q→R	p*
{1, 7}	8. P→R	3, 7 HS
{1}	9. (Q→R)→(P→R)	7, 8 CP
{1}	10. (P→R)↔(Q→R)	6, 9 CB

讀者務必留心第 10 行的書寫方式。

2. P↔Q ├ (P∨R)↔(Q∨R)

{1}	1. P↔Q	p
{2}	2. P∨R	p*
{1}	3. P→Q	1, BC
{4}	4. P	p*
{1, 4}	5. Q	3, 4 MPP
{1, 4}	6. Q∨R	5, Add
{1}	7. P→(Q∨R)	4, 6 CP
{8}	8. –P	p*
{2, 8}	9. R	2, 8 DS
{2, 8}	10. Q∨R	9, Add
{2}	11. –P→(Q∨R)	8, 10 CP

{12}	12. –(Q ∨ R)	p*
{1, 12}	13. –P	7, 12 MTT
{1}	14. –(Q ∨ R) → –P	12, 13 CP
{1, 2}	15. –(Q ∨ R) → (Q ∨ R)	11, 14 HS
{1, 2, 12}	16. – –(Q ∨ R)	12, 15 MTT
{1, 2}	17. –(Q ∨ R) → – –(Q ∨ R)	12, 16 CP
{1, 2}	18. – –(Q ∨ R) ∨ – –(Q ∨ R)	17, CD
{1, 2}	19. – –(Q ∨ R)	18, Idem
{1, 2}	20. Q ∨ R	19, DN
{1}	21. (P ∨ R) → (Q ∨ R)	2, 20 CP
{1}	22. Q → P	1, BC
{23}	23. Q ∨ R	p*

（我們希望求得「(Q ∨ R) → (P ∨ R)」，所以假設 23。自此以下的證明完全類同於第 2 到 21 行的證明，讀者試自證之。細心的讀者當會明白，第 2 到 21 行之證明完全取法於第二章推論實例的第 4 個實例。）

3. P ↔ Q, –P → (–Q → (R ∧ S)), (R ∨ T) → –U, –Q ∧ (U ∨ V) ⊢ V

{1}	1. P ↔ Q	p
{2}	2. –P → (–Q → (R ∧ S))	p
{3}	3. (R ∨ T) → –U	p
{4}	4. –Q ∧ (U ∨ V)	p
{4}	5. –Q	4, Simp
{4}	6. U ∨ V	4, Simp
{1}	7. P → Q	1, BC
{1, 4}	8. –P	5, 7 MTT
{1, 2, 4}	9. –Q → (R ∧ S)	2, 8 MPP
{1, 2, 4}	10. R ∧ S	5, 9 MPP

{1, 2, 4} 11. R	10, Simp
{1, 2, 4} 12. R ∨ T	11, Add（此步吃緊）
{1, 2, 3, 4} 13. –U	3, 12 MPP
{1, 2, 3, 4} 14. V	6, 13 DS

4. P ↔ Q, P → (Q → S), (P → S) → (R → T), R ⊢ T

{1}	1. P ↔ Q	p
{2}	2. P → (Q → S)	p
{3}	3. (P → S) → (R → T)	p
{4}	4. R	p
{1}	5. P → Q	1, BC
{6}	6. P	p*
{2, 6}	7. Q → S	2, 6 MPP
{1, 6}	8. Q	5, 6 MPP
{1, 2, 6}	9. S	7, 8 MPP
{1, 2}	10. P → S	6, 9 CP
{1, 2, 3}	11. R → T	3, 10 MPP
{1, 2, 3, 4}	12. T	4, 11 MPP

　　至於日常推理方面的應用，讀者大抵要從文字或語詞的脈絡中去揣摩到底是否遇到了一個「雙條件句」。本節開始時所提到的例子，除了一個「必須」而外似乎沒有其他的語詞可供參考，但我們細審整段的意思，我們知道其中的意思是只有雙條件句才能表達的。不過，有些語詞在中文裡似乎已明顯地表達雙條件句的意思。除了前述的「充分而必要的條件」以外，其他如「當且僅當」、「有而且只有」、「若且唯若」，雖然在口頭上比較少見，但在數學書上或其他文書裡也已司空見慣；這些都可以用來表達雙條件句。以下我們舉二例為示範：

5. 任何數為偶數之充分而必要之條件乃是該數可為 2 整除。a 為 k 之倍數。只要 k 為偶數且 a 為 k 之倍數，那麼 a 就是偶數。已證明，k 可被 2 整除。因此，a 可被 2 整除。

(P＝a 為偶數；Q＝a 可被 2 整除；R＝k 為偶數；S＝k 可被 2 整除；T＝a 為 k 之倍數。到目前為止，我們尚未能處理「任何數」這樣的詞語，我們把第一句的意思僅僅加在此處我們該注意的 a 和 k 上。) 整個推論形式的翻譯為：

$$P \leftrightarrow Q, R \leftrightarrow S, T, (R \wedge T) \rightarrow P, S \quad \vdash Q$$

(證明簡單，由讀者自證之。)

6. 張三會帶他的家人外出旅行，**當且僅當**他有假期並且他心情輕鬆的時候。可惜的是，張三不是沒有假期就是心情很不輕鬆。只有在張三帶他的家人外出旅行的情形下，張三一家緊張而嚴肅的氣氛才會改變。因此，張三一家緊張而嚴肅的氣氛不會改變。

(P＝張三帶他的家人外出旅行；Q＝張三有假期；R＝張三心情輕鬆；S＝張三一家緊張而嚴肅的氣氛會改變。) 整個推論形式為：

$$P \leftrightarrow (Q \wedge R), -Q \vee -R, S \rightarrow P \quad \vdash -S$$

證明如下：

{1}	1. $P \leftrightarrow (Q \wedge R)$	p
{2}	2. $-Q \vee -R$	p
{3}	3. $S \rightarrow P$	p
{1}	4. $P \rightarrow (Q \wedge R)$	1, BC
{1}	5. $(Q \wedge R) \rightarrow P$	1, BC

{6}	6. Q ∧ R	p*
{1, 6}	7. P	5, 6 MPP
{1, 6}	8. Q ∧ R	7, 4 MPP
{1, 6}	9. Q	8, Simp
{1}	10. (Q ∧ R) → Q	6, 9 CP
{11}	11. –Q	p*
{1, 11}	12. –(Q ∧ R)	10, 11 MTT
{1}	13. –Q → –(Q ∧ R)	11, 12 CP
{14}	14. Q	p*
{14}	15. – –Q	14, DN
{2, 14}	16. –R	2, 14 DS
{17}	17. Q ∧ R	p*
{1, 17}	18. P	5, 17 MPP
{1, 17}	19. Q ∧ R	4, 18 MPP
{1, 17}	20. R	19, Simp
{1}	21. (Q ∧ R) → R	17, 20 CP
{1, 2, 14}	22. –(Q ∧ R)	16, 21 MTT
{1, 2}	23. Q → –(Q ∧ R)	14, 22 CP
{24}	24. Q ∧ R	p*
{24}	25. – –(Q ∧ R)	24, DN
{1, 2, 24}	26. –Q	23, 25 MTT
{1, 2}	27. (Q ∧ R) → –Q	24, 26 CP
{1, 2}	28. (Q ∧ R) → –(Q ∧ R)	13, 27 HS
{1, 2}	29. –(Q ∧ R) ∨ –(Q ∧ R)	28, CD
{1, 2}	30. –(Q ∧ R)	29, Idem
{1, 2}	31. –P	4, 30 MTT
{1, 2, 3}	32. –S	3, 31 MTT

為什麼不直接用 Simp 於第 6 行得 Q，必須到第二節才說明得清楚。此處只好用笨法子。

此處一如 6～10，故技重施。用笨法子的理由也一樣。

自 23～30，我們的證明方式完全仿照第二章的第 4 個實例。請參照。

§2　邏輯定理（無需前提卻可加以證明之句式）

有好些句式是無需前提卻可以加以證明的，這類句式表明了：在任何情況下，它們都不會被駁倒；也可以說在任何情況下，它們能被證明得出。我們很可以叫它們為純邏輯定理。**從實際的證明中，我們事實上可以援引它們為依據**。比如說，「$(Q \wedge R) \to Q$」這樣的句式，我們可以證明如下：

$\{1\}$　1. $Q \wedge R$　　　　　　　　p*

$\{1\}$　2. R　　　　　　　　1, Simp

$\{1\}$　3. Q　　　　　　　　1, Simp

Λ　4. $(Q \wedge R) \to Q$　　　1, 3 CP

Λ　5. $(Q \wedge R) \to R$　　　1, 2 CP

在第 4、5 行的最左邊，我們已沒有前提可寫，所以我們用空集合符號表示之。（空集合符號可用「{ }」或「ø」，但我們選擇常見的「Λ」。）如用推論方式表示，則 4、5 有如下面：

$$\vdash (Q \wedge R) \to Q; \quad \vdash (Q \wedge R) \to R$$

現在讓我們證明一些常見之邏輯定理：

1. $\vdash P \to P$

$\{1\}$　1. P　　　　　　　　p

$\{1\}$　2. $--P$　　　　　　1, DN

$\{1\}$　3. P　　　　　　　　2, DN

Λ　4. $P \to P$　　　　　1, 3 CP

2. $\vdash -(P \wedge -P)$

Λ 1. $(P \wedge -P) \rightarrow P$ ⎤ 見
Λ 2. $(P \wedge -P) \rightarrow -P$ ⎦ 前

{3} 3. $-P$ p^*

{3} 4. $-(P \wedge -P)$ 1, 3 MTT

Λ 5. $-P \rightarrow -(P \wedge -P)$ 3, 4 CP

Λ 6. $(P \wedge -P) \rightarrow -(P \wedge -P)$ 2, 5 HS

Λ 7. $-(P \wedge -P) \vee -(P \wedge -P)$ 6, CD

Λ 8. $-(P \wedge -P)$ 7, Idem

3. $\vdash P \vee -P$

{1} 1. P p

{1} 2. $P \vee -P$ 1, Add

Λ 3. $P \rightarrow (P \vee -P)$ 1, 2 CP

{4} 4. $-P$ p

{4} 5. $P \vee -P$ 4, Add

Λ 6. $-P \rightarrow (P \vee -P)$ 4, 5 CP

（利用 3, 6 及第二章第 4 個實例之證明方式即得「$P \vee -P$」。）

4. $\vdash P \rightarrow (Q \rightarrow P)$

{1} 1. P p^*

{2} 2. Q p^*

{1, 2} 3. $P \wedge Q$ 1, 2 Adj

{1, 2} 4. P 3, Simp

{1} 5. $Q \rightarrow P$ 2, 4 CP

Λ 6. $P \rightarrow (Q \rightarrow P)$ 1, 5 CP

（注意第 3 行。只有類似那樣的處理才能把 1 與 2 關聯起來。否則，不知如何用 CP。）

5. ├ (−Q → −P) → (P → Q)

{1}	1. −Q → −P	p*
{2}	2. P	p*
{2}	3. − −P	2, DN
{1, 2}	4. − −Q	1, 3 MTT
{1, 2}	5. Q	4, DN
{1}	6. P → Q	2, 5 CP
∧	7. (−Q → −P) → (P → Q)	1, 6 CP

6. ├ [P → (Q → R)] → [(P → Q) → (P → R)]

{1}	1. P → (Q → R)	p*
{2}	2. P → Q	p*
{3}	3. P	p*
{2, 3}	4. Q	2, 3 MPP
{1, 3}	5. Q → R	1, 3 MPP
{1, 2, 3}	6. R	4, 5 MPP
{1, 2}	7. P → R	3, 6 CP
{1}	8. (P → Q) → (P → R)	2, 7 CP
∧	9. (P → (Q → R)) →	
	[(P → Q) → (P → R)]	1, 8 CP

最後，我們來舉一個比較麻煩但有趣的例子：

7. ├ −(P ↔ Q) → (P ↔ −Q)

{1}	1. −(P ↔ Q)	p
{2}	2. P	p*
{3}	3. Q	p*
{2, 3}	4. P ∧ Q	2, 3 Adj
{2, 3}	5. Q	4, Simp

$\{3\}$　6. P → Q　　　　　　2, 5 CP

$\{2, 3\}$　7. P　　　　　　　　4, Simp

$\{2\}$　8. Q → P　　　　　　3, 7 CP

$\{2, 3\}$　9. P ↔ Q　　　　　　6, 8 CB

$\{2, 3\}$ 10. (P ↔ Q) ∨ –Q　　　9, Add

$\{1, 2, 3\}$ 11. –Q　　　　　　1, 10 DS

$\{1, 2\}$ 12. Q → –Q　　　　　3, 11 CP

$\{1, 2\}$ 13. –Q ∨ –Q　　　　　12, CD

$\{1, 2\}$ 14. –Q　　　　　　　13, Idem

$\{1\}$ 15. P → –Q　　　　　2, 14 CP

（自 16 以下，則證明另一條件句：–Q → P；最後把 15 同 33 結合成雙條件句，即為我們所要之結果。）

$\{16\}$ 16. –Q　　　　　　　p*

$\{17\}$ 17. –P　　　　　　　p*

$\{18\}$ 18. P　　　　　　　　p*

$\{18\}$ 19. P ∨ Q　　　　　　18, Add

$\{17, 18\}$ 20. Q　　　　　　19, 17 DS

$\{17\}$ 21. P → Q　　　　　18, 20 CP

$\{22\}$ 22. Q　　　　　　　p*

$\{22\}$ 23. Q ∨ P　　　　　　22, Add

$\{16, 22\}$ 24. P　　　　　　16, 23 DS

$\{16\}$ 25. Q → P　　　　　22, 24 CP

$\{16, 17\}$ 26. P ↔ Q　　　　　21, 25 CB

$\{16, 17\}$ 27. (P ↔ Q) ∨ – –P　　26, Add

$\{16, 17, 1\}$ 28. – –P　　　　　27, DS

$\{1, 16\}$ 29. –P → – –P　　　17, 28 CP

$\{1, 16\}$ 30. – –P ∨ – –P　　　29, CD

$\{1, 16\}$ 31. $- -P$　　　　　　　　30, Idem

$\{1, 16\}$ 32. P　　　　　　　　　31, DN

　　$\{1\}$ 33. $-Q \to P$　　　　　　16, 32 CP

　　$\{1\}$ 34. $P \leftrightarrow -Q$　　　　　15, 33 CB

關於邏輯定理，我們還有兩點要稍加敘述：

a. 因為邏輯定理是在任何情況都可以成立的句式，所以在一個推論的
　過程中，我們可以援引任何邏輯定理使之成為前提的一部份或加入
　結論之中，完全不會影響整個的推論。

b. 因為演繹定理的關係（即反覆應用條件證法），我們可以把任何推論
　形式轉換成一邏輯定理。比如說，我們已證實

$$P \lor Q, P \to R, Q \to S \quad \vdash \ R \lor S$$

此一推論形式就可藉著 CP 之運用而成為：

$$\vdash \ (P \lor Q) \to [(P \to R) \to ((Q \to S) \to (R \lor S))]$$

練 習 題

A. 試證下列各推論形式（證明完了，再把它寫成邏輯定理之形式）

1. $-A \lor B, -B \lor A \quad \vdash A \leftrightarrow B$

2. $A \leftrightarrow B \quad \vdash (-A \lor B) \land (-B \lor A)$

3. $A \land B \quad \vdash A \leftrightarrow B; -A \land -B \quad \vdash A \leftrightarrow B$

4. $A \leftrightarrow B, B \rightarrow C, -C \lor -(R \rightarrow S), -S \rightarrow (P \land -R) \quad \vdash -A$

5. $(A \land R) \leftrightarrow B, -B \rightarrow (P \land Q), -R, (Q \land -B) \rightarrow - -E \quad \vdash E$

B. 試證下列邏輯定理

1. $\vdash -P \rightarrow (P \rightarrow Q)$

2. $\vdash [P \rightarrow (P \rightarrow Q)] \rightarrow (P \rightarrow Q)$

3. $\vdash P \leftrightarrow (P \lor Q) \land (P \lor -Q)$

4. $\vdash (-P \rightarrow P) \leftrightarrow P$

5. $\vdash (P \rightarrow -P) \leftrightarrow -P$

§3　歸謬法原理

A. 還記得以前學習代數的經驗嗎？當你要證明比如說 a = b 時，你不直接證明它。你先假定 a ≠ b，然後分別證明 a > b 以及 b > a 均會逐步導致矛盾（即與定義、公理、定理或其他已證明之結果完全相反的情形）。一旦走到這一步，你便理直氣壯地認為 a ≠ b 之假設是錯誤的，因此，你便能聲稱已證明了 a = b。在這個例子當中，你已經使用了歸謬法。這一節講的就是歸謬法原理，就是讓你徹底明白為什麼你可以理直氣壯地使用歸謬法。

歸謬法的原理可以書寫如下：

$$如果\ \Phi_1, \Phi_2, \cdots\cdots \Phi_{n-1}, \Phi_n \quad \vdash \Psi \wedge -\Psi,$$
$$那麼\ \Phi_1, \Phi_2, \cdots\cdots \Phi_{n-1} \quad\quad \vdash -\Phi_n$$

其實，這個歸謬法 (reductio ad absurdum，簡作 RAA)，又被稱為間接證明法，其**原理**是由演繹定理，加上其他規則推引出來的。我們先作以下之假設：

$$\Phi_1, \Phi_2, \cdots\cdots \Phi_{n-1}, \Phi_n \quad \vdash \Psi \wedge -\Psi \quad\quad (P)$$

用證明的書寫方式來表示，我們可以想像經過了若干步驟（用 m 來表示）才取得上述之結果：

$$\{\Phi_1, \Phi_2, \cdots\cdots \Phi_{n-1}, \Phi_n\} \quad m. \quad \Psi \wedge -\Psi \quad\quad -, -Adj\ （或其他理由）$$

我們依此繼續證明下去——

$$\{\Phi_1, \Phi_2, \cdots\cdots \Phi_{n-1}, \Phi_n\} \quad m+1. \quad \Psi \quad\quad\quad m, Simp$$

$\{\Phi_1, \Phi_2, \cdots\cdots \Phi_{n-1}, \Phi_n\}$	m+2. $\quad -\Psi$	m, Simp
$\{\Phi_1, \Phi_2, \cdots\cdots \Phi_{n-1}\}$	m+3. $\quad \Phi_n \to \Psi$	Φ_n 那一行, m+1 CP
$\{\Phi_1, \Phi_2, \cdots\cdots \Phi_{n-1}\}$	m+4. $\quad \Phi_n \to -\Psi$	Φ_n 那一行, m+2 CP
$\{m+5\}$	m+5. $\quad -\Psi$	p*
$\{\Phi_1, \Phi_2, \cdots\cdots \Phi_{n-1}, m+5\}$	m+6. $\quad -\Phi_n$	m+3, m+5 MTT
$\{\Phi_1, \Phi_2, \cdots\cdots \Phi_{n-1}\}$	m+7. $\quad -\Psi \to -\Phi_n$	m+5, m+6 CP
$\{\Phi_1, \Phi_2, \cdots\cdots \Phi_{n-1}\}$	m+8. $\quad \Phi_n \to -\Phi_n$	m+7, m+4 HS
$\{\Phi_1, \Phi_2, \cdots\cdots \Phi_{n-1}\}$	m+9. $\quad -\Phi_n \vee -\Phi_n$	m+8, CD
$\{\Phi_1, \Phi_2, \cdots\cdots \Phi_{n-1}\}$	m+10. $-\Phi_n$	m+9, Idem

這最後一行已表示由給定的假設 (P) 下，我們已證得

$$\Phi_1, \Phi_2, \cdots\cdots \Phi_{n-1} \quad \vdash -\Phi_n$$

　　由上面的證明中，可以明白歸謬法乃是由演繹定理（即假設證法或條件證法之原理）及其他規則推引出來的，所以，理論上它不具備獨立性，跟其他的遊戲規則並不一樣。但它仍然是一個很有用的推論方式。

　　由歸謬法原理產生的間接證明方法，有兩個樣式：

3.1　當我們要證明

$$\Phi_1, \Phi_2, \cdots\cdots \Phi_k \quad \vdash \Psi$$

時，我們可以把結論 Ψ 加以否定，使 $-\Psi$ 也成為新前提。如果因此證明出

$$\Phi_1, \Phi_2, \cdots\cdots \Phi_k, -\Psi \quad \vdash X \wedge -X$$

那表示 $-\Psi$ 是錯誤的，我們據歸謬法原理得出

$$\Phi_1, \Phi_2, \cdots\cdots \Phi_k \quad \vdash --\Psi$$

而由 $--\Psi$（經 DN）不難得出 Ψ。

3.2　當我們要證明

$$\Phi_1, \Phi_2, \cdots\cdots \Phi_k \quad \vdash -\Psi$$

我們可用 Ψ 做為新假設加入前提之中。如果證得

$$\Phi_1, \Phi_2, \cdots\cdots \Phi_k, \Psi \quad \vdash X \wedge -X$$

那表示 Ψ 之假定是錯誤的，依據歸謬法原理可得

$$\Phi_1, \Phi_2, \cdots\cdots \Phi_k \quad \vdash -\Psi$$

　　讀者也許不太關心到底歸謬法是獨立性或引申性的推論方式，可能也因此對我們證明它是由演繹原理導出的過程興趣不是那麼濃厚。但務請對 3.1 及 3.2 的兩個間接證法樣式多加用心，因為它們十分有用。下面我們就來看一些實際應用的例子。

B. 歸謬法應用舉例

1. $P \wedge -Q \quad \vdash -(P \to Q)$

{1}	1. $P \wedge -Q$	p
{2}	2. $P \to Q$	p[*]
{1}	3. P	1, Simp
{1}	4. $-Q$	1, Simp
{1, 2}	5. Q	2, 3 MPP
{1, 2}	6. $Q \wedge -Q$	4, 5 Adj
{1}	7. $-(P \to Q)$	2, 6 RAA

由 1, 2 得到 6，如果保留 1 那表示 2 有問題，所以利用 RAA 得到 7（7 即 2 之否定也）。讀者宜留心我們最後一行的書寫方式。

2. $-(P \to Q) \quad \vdash P \wedge -Q$

{1}	1. $-(P \to Q)$	p

{2}	2. −P	p* (為了求 P，暫時假定 −P)
{3}	3. P	p* (有這個，可得到 P → Q)
{3}	4. P ∨ Q	3, Add (關鍵所在)
{2, 3}	5. Q	2, 4 DS
{2}	6. P → Q	3, 5 CP
{1, 2}	7. (P → Q) ∧ −(P → Q)	1, 6 Adj
{1}	8. − −P	2, 7 RAA (請注意書寫方式)
{1}	9. P	8, DN
{10}	10. Q	p* (為了求 −Q，先假定 Q)
{11}	11. P	p* (為了求 P → Q)
{10, 11}	12. P ∧ Q	10, 11 Adj
{10, 11}	13. Q	12, Simp
{10}	14. P → Q	11, 13 CP
{1, 10}	15. (P → Q) ∧ −(P → Q)	1, 14 Adj
{1}	16. −Q	10, 15 RAA
{1}	17. P ∧ −Q	9, 16 Adj

3. −(P ∨ Q)   ⊢ −P ∧ −Q

{1}	1. −(P ∨ Q)	p
{2}	2. P	p*
{2}	3. P ∨ Q	2, Add
{1, 2}	4. (P ∨ Q) ∧ −(P ∨ Q)	1, 3 Adj
{1}	5. −P	2, 4 RAA
{6}	6. Q	p*
{6}	7. P ∨ Q	6, Add
{1, 6}	8. (P ∨ Q) ∧ −(P ∧ Q)	1, 7 Adj
{1}	9. −Q	6, 8 RAA

$\{1\}$ 10. $-P \wedge -Q$ 　　　　　　　5, 9 Adj

下面的一個證明，讀者試與第二章實例 5 的證明做一對照，就可以明白 RAA 可以省很多事。

4. $P \vee Q, P \rightarrow R, Q \rightarrow S \quad \vdash R \vee S$

$\{1\}$ 　1. $P \vee Q$ 　　　　　　　　　　p

$\{2\}$ 　2. $P \rightarrow R$ 　　　　　　　　　p

$\{3\}$ 　3. $Q \rightarrow S$ 　　　　　　　　　p

$\{4\}$ 　4. $-(R \vee S)$ 　　　　　　　　p[*]（先否定掉結論）

$\{5\}$ 　5. P 　　　　　　　　　　　p[*]（試著使推論能進行）

$\{2, 5\}$ 　6. R 　　　　　　　　　　2, 5 MPP

$\{2, 5\}$ 　7. $R \vee S$ 　　　　　　　　6, Add

$\{2, 4, 5\}$ 　8. $(R \vee S) \wedge -(R \vee S)$ 　　4, 7 Adj

$\{2, 4\}$ 　9. $-P$ 　　　　　　　　5, 8 RAA（注意書寫方式）

$\{1, 2, 4\}$ 10. Q 　　　　　　　　　1, 9 DS

$\{1, 2, 3, 4\}$ 11. S 　　　　　　　　　3, 10 MPP

$\{1, 2, 3, 4\}$ 12. $R \vee S$ 　　　　　　　11, Add

$\{1, 2, 3, 4\}$ 13. $(R \vee S) \wedge -(R \vee S)$ 　12, 14 Adj

$\{1, 2, 3\}$ 14. $- -(R \vee S)$ 　　　　4, 13 RAA（注意書寫方式）

$\{1, 2, 3\}$ 15. $R \vee S$ 　　　　　　　14, DN

練 習 題

儘量利用 RAA 證明下列推論形式——

1. $P \to Q, -P \to Q \quad \vdash \ Q$

2. $P \to Q, P \to -Q \quad \vdash \ -P$

3. $A \wedge -B \quad \vdash \ -(A \leftrightarrow B)$

4. $-A \wedge B \quad \vdash \ -(A \leftrightarrow B)$

5. $(A \wedge -B) \vee (-A \wedge B) \quad \vdash \ -(A \leftrightarrow B)$ (利用 Ex. 3, 4 以及實例 4)

6. $P \vee Q, (Q \wedge R) \to -S, (R \wedge T) \vee U, (R \to S) \wedge -U \quad \vdash \ P$

§4　等值式互換規則及常見的等值式

如果 $\Phi \vdash \Phi'$ 而且 $\Phi' \vdash \Phi$，那麼我們說此兩式為等值的 (equivalent)，它們彼此互為對方之等值式，簡寫成 $\Phi \Leftrightarrow \Phi'$。比如說，「A」和「--A」，由於「A $\vdash$ --A」以及「--A $\vdash$ A」都可以加以證明，所以兩式為等值的。就邏輯之推論作用而言，兩個互相等值的句式是毫無區分的。因此，它們可以互相取代。現在把等值式的規則正式書寫如下：

　　現有合法句式 Φ, Φ', Ψ, Ψ'。

　　如果 $\Phi \Leftrightarrow \Phi'$ 而 Ψ 與 Ψ' 兩者除了 Ψ 中出現的一次或多次 Φ 被 Φ' 取代而存於 Ψ' 之中外完全沒有差別（換言之，Ψ' 因 Ψ 中之 Φ 一次或多次被 Φ' 取代而成為 Ψ'），那麼 $\Psi \Leftrightarrow \Psi'$。（我們稱此原理為 E）

從這個原則引申出等值式互換規則。在應用這個規則之前，讓我們來證明一些常見的等值式。

A. 常見的等值式

1. $(A \rightarrow B) \Leftrightarrow (-B \rightarrow -A)$

   證明 $A \rightarrow B \quad \vdash \quad -B \rightarrow -A$

   $\quad \{1\} \quad 1.\ A \rightarrow B \qquad\qquad\quad$ p

   $\quad \{2\} \quad 2.\ -B \qquad\qquad\qquad\quad$ p*

   $\{1, 2\} \quad 3.\ -A \qquad\qquad\qquad\quad$ 1, 2 MTT

   $\quad \{1\} \quad 4.\ -B \rightarrow -A \qquad\quad\ $ 2, 3 CP

   求證 $-B \rightarrow -A \quad \vdash \quad A \rightarrow B$

   $\quad \{1\} \quad 1.\ -B \rightarrow -A \qquad\quad$ p

{2}	2. A	p[*]
{2}	3. $--$A	2, DN
{1, 2}	4. $--$B	1, 2 MTT
{1, 2}	5. B	4, DN
{1}	6. A $\rightarrow$ B	2, 5 CP

(以後，以一般形式表達之：$(\Phi \rightarrow \Psi) \Leftrightarrow (-\Psi \rightarrow -\Phi)$ 此乃**異質位換律** (contraposition)，簡作 Contra)

2. A $\Leftrightarrow --$A

(一般形式：$\Phi \Leftrightarrow --\Phi$，此乃強化之**雙重否定律**，簡作 S-DN)

3. (A $\wedge$ A) $\Leftrightarrow$ A

求證 A $\vdash$ A $\wedge$ A

{1}	1. A	p
{1}	2. $--$A	1, DN
{1}	3. A	2, DN
{1}	4. A $\wedge$ A	1, 3 Adj

(一般形式：$(\Phi \wedge \Phi) \Leftrightarrow \Phi$，此乃**連言之等冪式**，簡作 Idem)

4. (A $\vee$ A) $\Leftrightarrow$ A

(利用遊戲規則即可得，此不贅。)

(一般形式：$(\Phi \vee \Phi) \Leftrightarrow \Phi$，此乃選言**強化之等冪式**，簡作 S-Idem)

5. (A $\wedge$ B) $\Leftrightarrow$ (B $\wedge$ A)

(一般形式：$(\Phi \wedge \Psi) \Leftrightarrow (\Psi \wedge \Phi)$，此乃**連言之交換律**，簡作 Comm)

6. (A $\vee$ B) $\Leftrightarrow$ (B $\vee$ A)

求證 (A $\vee$ B) $\vdash$ (B $\vee$ A)

{1}	1. A $\vee$ B	p

{2}	2. –(B ∨ A)	p*
{3}	3. –B	p*
{1, 3}	4. A	1, 3 DS
{1, 3}	5. B ∨ A	4, Add
{1, 2, 3}	6. (B ∨ A) ∧ –(B ∨ A)	2, 5 Adj
{1, 2}	7. – –B	3, 6 RAA
{1, 2}	8. B	7, DN
{1, 2}	9. B ∨ A	8, Add
{1, 2}	10. (B ∨ A) ∧ –(B ∨ A)	2, 9 Adj
{1}	11. – –(B ∨ A)	2, 10 RAA
{1}	12. B ∨ A	11, DN

（求另一個方向的，因為是對稱的，證法全一樣。）

（一般形式：$(\varPhi \vee \varPsi) \Leftrightarrow (\varPsi \vee \varPhi)$，此乃**選言之交換律**，簡作 Comm）

7. $[A \wedge (B \wedge C)] \Leftrightarrow [(A \wedge B) \wedge C]$

（一般形式：$[\varPhi \wedge (\varPsi \wedge X)] \Leftrightarrow [(\varPhi \wedge \varPsi) \wedge X]$，此乃**連言之結合律**，簡稱 Asso）

8. $[A \vee (B \vee C)] \Leftrightarrow [(A \vee B) \vee C]$

　　求證 A ∨ (B ∨ C) ├ (A ∨ B) ∨ C

{1}	1. A ∨ (B ∨ C)	p
{2}	2. A	p*
{2}	3. A ∨ B	2, Add
{2}	4. (A ∨ B) ∨ C	3, Add
∧	5. A → [(A ∨ B) ∨ C]	2, 4 CP
{6}	6. –A	p*
{1, 6}	7. B ∨ C	1, 6 DS
{8}	8. B	p*

{8}	9. A ∨ B	8, Add
{8}	10. (A ∨ B) ∨ C	9, Add
Λ	11. B → [(A ∨ B) ∨ C]	10, 8 CP
{12}	12. C	p*
{12}	13. (A ∨ B) ∨ C	12, Add
Λ	14. C → [(A ∨ B) ∨ C]	12, 13 CP
{1, 6}	15. [(A ∨ B) ∨ C] ∨	
	[(A ∨ B) ∨ C]	(利用 7, 11, 14, 第二章的實例 5)
{1, 6}	16. [(A ∨ B) ∨ C]	15, Idem
{1}	17. −A → [(A ∨ B) ∨ C]	6, 15 CP
{1}	18. (A ∨ B) ∨ C	(利用 5, 16, 第二章實例 4)

（另一方向之證明，完全類似，我們留給讀者自證之。又，因為 7, 11, 14 行所形成之證明以及 6, 15 所形成之證明我們經常碰到，我們不妨給它們取個名字，並且以後就做為一**引申規則**看待：

$$\frac{\begin{array}{c} \Phi \to \Psi \\ -\Phi \to \Psi \end{array}}{\vdash \Psi}$$

(D-rule 1)

$$\frac{\begin{array}{c} \Phi \vee \Psi \\ \Phi \to X_1 \\ \Psi \to X_2 \end{array}}{\vdash X_1 \vee X_2}$$

(D-rule 2)

上面等值式的一般形式：

$$[\Phi \vee (\Psi \vee X)] \Leftrightarrow [(\Phi \vee \Psi) \vee X]$$

乃**選言之結合律**，簡作 Asso。讀者還記得本書一開始的那個買領帶的故事嗎？現在你終於能說：

「（我選購紫色領帶 ∨（我選購藍色領帶 ∨ 我選購紅色領帶））」跟「（我選購紫色領帶 ∨ 我選購藍色領帶）∨ 我選購紅色領帶」實在是沒有分別的。因為兩種說法完全被證實是等值的。第一章遊戲規則的限制性終於被解消了。

　　數學中由於加法的結合律、交換律，我們可以在一式中沒有其他運作符號、只有加號時，作出下面的等式：[(5+3)+(13+16)]+(70+5)=(((5+3)+13)+16)+(70+5)=[(((5+3)+13)+16)+70]+5=(((5+3)+13)+(16+70)+5……我們甚至可假想所有之括號全消失了，我們愛怎麼加括號就怎麼加，所以原式 = 5+3+13+16+70+5。

（基於同樣的道理，我們也可以想像，如果一個合法句式中除了選言符號（「∨」）作為連接符號外，沒有其他連結兩式的符號，那麼我們把下面的式子全都看成是等值的：[(P ∨ Q) ∨ ((R ∨ S) ∨ T)] ∨ U ⇔ (P ∨ Q) ∨ [((R ∨ S) ∨ T) ∨ U] ⇔ (P ∨ Q) ∨ [(R ∨ S) ∨ (T ∨ U)] ⇔ (P ∨ Q) ∨ [R ∨ (S ∨ (T ∨ U))] …我們可以想像這些括號全消失了，任我們高興怎麼加括號就怎麼加，完全不影響其等值性，易言之，即開頭的合法句式可以是 ⇔ P ∨ Q ∨ R ∨ S ∨ T ∨ U，又，連言的情形也是一樣的。）

9. [A ∧ (B ∨ C)] ⇔ [(A ∧ B) ∨ (A ∧ C)]

　　求證 A ∧ (B ∨ C)　　⊢　(A ∧ B) ∨ (A ∧ C)

{1}	1. A ∧ (B ∨ C)	p
{1}	2. A	1, Simp
{1}	3. B ∨ C	1, Simp
{4}	4. B	p*
{1, 4}	5. A ∧ B	2, 4 Adj
{1, 4}	6. (A ∧ B) ∨ (A ∧ C)	5, Add
{1}	7. B → [(A ∧ B) ∨ (A ∧ C)]	6, 4 CP
{8}	8. C	p*
{1, 8}	9. A ∧ C	2, 8 Adj
{1, 8}	10. (A ∧ B) ∨ (A ∧ C)	9, Add
{1}	11. C → [(A ∧ B) ∨ (A ∧ C)]	8, 10 CP
{1}	12. [(A ∧ B) ∨ (A ∧ C)] ∨	

$$[(A \wedge B) \vee (A \wedge C)] \qquad 3, 7, 11 \text{ D-rule } 2$$

$\{1\}$ 13. $(A \wedge B) \vee (A \wedge C)$ 12, Idem

求另一個方向 $(A \wedge B) \vee (A \wedge C)$ $\vdash$ $A \wedge (B \vee C)$

(提示: 設法求得 $(A \wedge B) \rightarrow (A \wedge (B \vee C))$ 以及 $(A \wedge C) \rightarrow (A \wedge (B \vee C))$,
再用 D-rule 2)

(一般形式: $(\Phi \wedge (\Psi \vee X)) \Leftrightarrow [(\Phi \wedge \Psi) \vee (\Phi \wedge X)]$, 此乃**連言對於選言之
分配律**, 簡作 Distri)

10. $[A \vee (B \wedge C)] \Leftrightarrow [(A \vee B) \wedge (A \vee C)]$

求證 $[A \vee (B \wedge C)]$ $\vdash$ $[(A \vee B) \wedge (A \vee C)]$

     $\{1\}$ 1. $A \vee (B \wedge C)$ p

     $\wedge$ 2. $A \rightarrow [(A \vee B) \wedge (A \vee C)]$ (很容易證得)

     $\wedge$ 3. $(B \wedge C) \rightarrow [(A \vee B) \wedge (A \vee C)]$ (很容易證得)

然後以 $1, 2, 3$, 利用 D-rule 2, 再加 Idem 即得。

求證 $(A \vee B) \wedge (A \vee C)$ $\vdash$ $A \vee (B \wedge C)$

     $\{1\}$ 1. $(A \vee B) \wedge (A \vee C)$ p

     $\{1\}$ 2. $A \vee B$ 1, Simp

     $\{1\}$ 3. $A \vee C$ 1, Simp

     $\{4\}$ 4. $-A$ p*

   $\{1, 4\}$ 5. B 2, 4 DS

   $\{1, 4\}$ 6. C 3, 5 DS

   $\{1, 4\}$ 7. $B \wedge C$ 5, 6 Adj

   $\{1, 4\}$ 8. $A \vee (B \wedge C)$ 7, Add

     $\{1\}$ 9. $-A \rightarrow [A \vee (B \wedge C)]$ 4, 8 CP

     $\{1\}$ 10. $-[A \vee (B \wedge C)] \rightarrow --A$ 9, Contra (第一次用等值交換規則)

   $\{11\}$ 11. $-[A \vee (B \wedge C)]$ p*

  $\{1, 11\}$ 12. $--A$ 10, 11 MPP

  $\{1, 11\}$ 13. A 12, DN

{1, 11}	14. A ∨ (B ∧ C)	13, Add
{1, 11}	15. [A ∨ (B ∧ C)] ∧	
	−[A ∨ (B ∧ C)]	14, 11 Adj
{1}	16. − −[A ∨ (B ∧ C)]	11, 15 RAA
{1}	17. A ∨ (B ∧ C)	16, DN

（一般形式：[Φ ∨ (Ψ ∧ X)] ⇔ [(Φ ∨ Ψ) ∧ (Φ ∨ X)]，此乃**選言對於連言的分配律**，簡作 Distri）

討論：在算術中，只有乘號對於加號的分配律：

$$a \times (b + c) = (a \times b) + (a \times c)。$$

但從我們已證明的 **9、10** 所得，連言固然對選言有分配律，選言對連言也有分配律。讀者如果想用類比的話，在第一個分配律中，連言像是乘號而選言類似加號；而在第二個分配律中，選言像是乘號而連言有如加號。這也許可叫做對算術中的分配律之兩種解讀吧。希望讀者能因此較易地掌握兩個分配律。

11. −(A ∧ B) ⇔ (−A ∨ −B)

求證 −(A ∧ B)　⊢　(−A ∨ −B)

{1}	1. −(A ∧ B)	p
{2}	2. A	p*
{3}	3. B	p*
{2, 3}	4. A ∧ B	2, 3 Adj
{1, 2, 3}	5. (A ∧ B) ∧ −(A ∧ B)	1, 4 Adj
{1, 2}	6. −B	3, 5 RAA
{1}	7. A → −B	2, 6 CP
{1}	8. −A ∨ −B	7, CD

（另一方面，由讀者自證之。假設 (A ∧ B)，很快可得矛盾。一般形式：

$-(\varPhi \wedge \varPsi) \Leftrightarrow (-\varPhi \vee -\varPsi)$。**狄摩根定理**，簡作 DeM。——狄摩根是十九世紀的英國邏輯家。)

12. $-(P \vee Q) \Leftrightarrow (-P \wedge -Q)$

一個方向：假設 $-(P \vee Q)$，再分別假設 P，Q，均會導至矛盾，所以得到 $-P$ 及 $-Q$。

另一個方向：假設 $-P \wedge -Q$，再假設 $P \vee Q$，極易證明。

（一般形式：$-(\varPhi \vee \varPsi) \Leftrightarrow (-\varPhi \wedge -\varPsi)$。這是**狄摩根的另一個定理**，簡作 DeM）

13. $P \to (Q \to R) \Leftrightarrow [(P \wedge Q) \to R]$

（由讀者自證之。）

（一般形式：$[\varPhi \to (\varPsi \to X)] \Leftrightarrow [(\varPhi \wedge \varPsi) \to X]$。這是 **移出律**，簡作 Exp）

14. $(P \to Q) \Leftrightarrow -P \vee Q$

（由讀者自證之。一個方向只是我們的遊戲規則。）

（一般形式：$(\varPhi \to \varPsi) \Leftrightarrow (-\varPhi \vee \varPsi)$。這是**強化之 CD**，簡作 S-CD；條件句與選言之關係由這個等值式明顯表現出來。）

15. $(P \leftrightarrow Q) \Leftrightarrow [(P \wedge Q) \vee (-P \wedge -Q)]$

求證 $(P \leftrightarrow Q) \quad \vdash [(P \wedge Q) \vee (-P \wedge -Q)]$

$\{1\}$	1. $P \leftrightarrow Q$	p
$\{1\}$	2. $P \to Q$	1, BC
$\{1\}$	3. $Q \to P$	1, BC
$\{4\}$	4. $-(P \wedge Q)$	p*
$\{5\}$	5. P	p*
$\{1, 5\}$	6. Q	2, 5 MPP
$\{1, 5\}$	7. $P \wedge Q$	5, 6 Adj
$\{1, 4, 5\}$	8. $(P \wedge Q) \wedge -(P \wedge Q)$	4, 7 Adj

{1, 4}　9. –P　　　　　　　　　　　5, 8 RAA

{1, 4} 10. –Q　　　　　　　　　　　9, 3 MTT

{1, 4} 11. –P ∧ –Q　　　　　　　　　9, 10 Adj

{1} 12. –(P ∧ Q) → (–P ∧ –Q)　　　4, 11 CP

{1} 13. – –(P ∧ Q) ∨ (–P ∧ –Q)　 12, CD

{1} 14. (P ∧ Q) ∨ (–P ∧ –Q)　　　13, S-DN (這是我們第二次用等值式互換規則)

另外一個方向，由讀者自證之。

(一般形式：$(\Phi \leftrightarrow \Psi) \Leftrightarrow [(\Phi \wedge \Psi) \vee (-\Phi \wedge -\Psi)]$。表示雙條件句與選言之關係，簡作 BD)

總之，已證明為等值的兩個等值式，在任何合法句式中均可相互代替。我們上面只是把最常用的等值式列舉並證明出來。嗣後若有推論，我們都可以加以援用，以便使我們的推論能進行得更加迅捷、更加順易些。

B. 底下我們再舉兩例，示範如何運用等值式互換規則。

1. (P → (–Q → R))　├ (–(–R → Q) → – – –P)

{1}　1. P → (–Q → R)　　　　　　p

{1}　2. –(–Q → R) → –P　　　　　1, Contra (應用到整個句式上)

{1}　3. –(–Q → R) → – – –P　　　2, S-DN (應用到 –P 上)

{1}　4. –(–R → – –Q) → – – –P　 3, Contra (用到 –Q → R 上)

{1}　5. –(–R → Q) → – – –P　　　4, S-DN (用到 – –Q 上)

2. P ∨ Q, P → R, Q → S　├ R ∨ S

{1}　1. P ∨ Q　　　　　　　p

{2}　2. P → R　　　　　　　p

{3}　3. Q → S　　　　　　　p

{4}　4. –(R ∨ S)　　　　　　p*

{4}　5. –R ∧ –S　　　　　　4, DeM

{4}	6. −R	5, Simp
{4}	7. −S	5, Simp
{3, 4}	8. −Q	3, 7 MTT
{1, 3, 4}	9. P	1, 8 DS
{1, 2, 3, 4}	10. R	9, 2 MPP
{1, 2, 3, 4}	11. R ∧ −R	6, 10 Adj
{1, 2, 3}	12. − −(R ∨ S)	4, 11 RAA
{1, 2, 3}	13. R ∨ S	12, DN

這個證明豈不是比以前的證明簡單多了嗎?

本章複習練習題

（在證明題目的時候，以前介紹的任何規則、引申規則、歸謬法、邏輯定理、等值式互換規則等等全部可以援用。）

1. $(P \lor Q) \Leftrightarrow (-P \to Q)$

2. $-(-P \lor -Q) \Leftrightarrow (P \land Q)$

3. $-(-P \land -Q) \Leftrightarrow (P \lor Q)$

4. $(P \leftrightarrow R) \quad \vdash ((P \land Q) \leftrightarrow (Q \land R))$

5. $(P \leftrightarrow R) \quad \vdash (P \to Q) \leftrightarrow (Q \to R)$

6. $(P \to Q) \to R \quad \vdash (-P \to R) \land (Q \to R)$

7. $(P \lor Q) \to R \quad \vdash [(P \lor P) \to R] \land [(Q \land Q) \to R]$

8. $-(A \land -B), (A \to B) \to R, R \leftrightarrow -(A \leftrightarrow D)$
   $\vdash (A \land -D) \lor (-A \land D)$

9. $(P \to (- -Q \to R)) \to ((Q \land Q) \to (-S \lor -P))$
   $\vdash [- -P \to (-R \to -Q)] \to [(S \land P) \to -Q]$

10. $A \to (C \to -D), E \lor (C \land A), E \to -E \quad \vdash -D$

11. $(A \land B) \lor (A \land C), B \to D, C \to D \quad \vdash A \land D$

12. $\vdash ((A \land B) \lor (A \land -B)) \lor [(-A \land B) \lor (-A \land -B)]$
    （此題較複雜：利用 DeM，用 RAA，用邏輯定理如：「$-(B \land -B)$」之類，利用等值式。）

附錄 I： 第一、二章遊戲規則及引申之 推論方法、規則一覽表

I. 基本推論規則

1.
$$\frac{\Phi \lor \Psi \quad -\Phi}{\vdash \Psi} \text{ 或 } \frac{\Phi \lor \Psi \quad -\Psi}{\vdash \Phi}; \qquad \frac{\Phi}{\vdash \Phi \lor \Psi} \text{ 或 } \frac{\Psi}{\vdash \Phi \lor \Psi}; \qquad \frac{\Phi}{\vdash --\Phi} \text{ 或 } \frac{--\Phi}{\vdash \Phi}$$
$$\text{(DS)} \qquad\qquad\qquad \text{(Add)} \qquad\qquad\qquad \text{(DN)}$$

2.
$$\frac{\Phi \quad \Psi}{\vdash \Phi \land \Psi} \text{ 或 } \frac{\Phi \quad \Psi}{\vdash \Psi \land \Phi}; \qquad \frac{\Phi \land \Psi}{\vdash \Phi} \text{ 或 } \frac{\Phi \land \Psi}{\vdash \Psi}; \qquad \frac{\Phi \to \Psi \quad \Phi}{\vdash \Psi};$$
$$\text{(Adj)} \qquad\qquad\qquad \text{(Simp)} \qquad\qquad \text{(MPP)}$$

$$\frac{\Phi \to \Psi \quad -\Psi}{\vdash -\Phi}; \qquad \frac{\Phi \to \Psi \quad \Psi \to X}{\vdash \Phi \to X}; \qquad \frac{\Phi \to \Psi,}{-\Phi \lor \Psi}; \qquad \frac{\Phi \lor \Phi}{\vdash \Phi}$$
$$\text{(MTT)} \qquad\quad \text{(HS)} \qquad\quad \text{(CD)} \qquad \text{(Idem)}$$

3.
$$\frac{\Phi \leftrightarrow \Psi}{\vdash \Phi \to \Psi} \text{ 或 } \frac{\Phi \leftrightarrow \Psi}{\vdash \Psi \to \Phi}; \qquad \frac{\Phi \to \Psi \quad \Psi \to \Phi}{\vdash \Phi \leftrightarrow \Psi}$$
$$\text{(BC)} \qquad\qquad\qquad\qquad \text{(CB)}$$

II. 演繹定理 (條件證法原理，簡作 CP)

如果　　$\Phi_1, \Phi_2, \Phi_3, \cdots\cdots \Phi_{n-1}, \Phi_n \quad \vdash \quad \Psi$，

那麼　　$\Phi_1, \Phi_2, \Phi_3, \cdots\cdots \Phi_{n-1} \qquad \vdash \quad \Phi_n \to \Psi$

III. 純粹邏輯定理 (即不須任何前提就可被證出之任何合法句式) 均可放進推論之中，不管是當做前提或當做結論之一部份，都不會影響推論。常見的邏輯定理如：

$\vdash P \lor -P; \quad \vdash P \to P; \quad \vdash -(P \land -P); \quad \vdash --P \to P; \quad \vdash (P \to (Q \to P)); \quad \vdash (-Q \to -P) \to (P \to Q)$。(在書寫證明時，其前提部份可用「$\Lambda$」(空集合符號) 表示不需要任何前提。)

IV. 歸謬法原理 (RAA)

如果　　$\Phi_1, \Phi_2, \cdots\cdots \Phi_{n-1}, \Phi_n \quad \vdash \quad \Psi \land -\Psi$，

那麼　　$\Phi_1, \Phi_2, \cdots\cdots \Phi_{n-1} \qquad \vdash \quad -\Phi_n$

(在使用 RAA 時，可注意者有兩點：如果結論是不具有 $-X$ 之形式，那麼可以用 $-X$ 作為新前提，然後看是否能得到矛盾之情形；倘若的確如此，那表示 $-X$ 是錯的——即 $--X$ 才是正確之結論。另一方面，如果結論具有 $-X$ 之形式，則逕用此處 RAA 之書寫方式。)

V. 常用的引申規則

$$
\begin{array}{ll}
 & \Phi \lor \Psi \\
\Phi \to \Psi & \Phi \to X_1 \\
-\Phi \to \Psi & \Psi \to X_2 \\
\hline
\vdash \Psi & \vdash X_1 \lor X_2 \\
\text{(D-rule1)} & \text{(D-rule2)}
\end{array}
$$

VI. 如果 $\Phi_1 \vdash \Phi_2$ 而且 $\Phi_2 \vdash \Phi_1$，那就表示二式為等值 (用符號表示即為 $\Phi_1 \Leftrightarrow \Phi_2$)。現今有 Ψ_1 與 Ψ_2 兩合法句式，兩式除了 Ψ_1 中的 Φ_1 一次或多次被 Φ_2 取代而存於 Ψ_2 中之外可說完全相同；在此假定下，如果

$\Phi_1 \Leftrightarrow \Phi_2$，那麼 $\Psi_1 \Leftrightarrow \Psi_2$。

VII. 常用等值式（可在任何合法句式中互相取代的）

1. 異質位換律 (Contra)：$(\Phi \to \Psi) \Leftrightarrow (-\Psi \to -\Phi)$

2. 強化之雙重否定 (S-DN)：$\Phi \Leftrightarrow --\Phi$

3. 等冪式 (Idem)：$(\Phi \lor \Phi) \Leftrightarrow \Phi$（選言等冪式）

    $(\Phi \land \Phi) \Leftrightarrow \Phi$（連言等冪式）

4. 交換律 (Comm)：$(\Phi \lor \Psi) \Leftrightarrow (\Psi \lor \Phi)$

    $(\Phi \land \Psi) \Leftrightarrow (\Psi \land \Phi)$

5. 結合律 (Asso)：$\Phi \lor (\Psi \lor X) \Leftrightarrow (\Phi \lor \Psi) \lor X$

    $\Phi \land (\Psi \land X) \Leftrightarrow (\Phi \land \Psi) \land X$

6. 分配律 (Distri)（記住「a×(b+c)=(a×b)+(a×c)」之一式二讀）：

    $\Phi \land (\Psi \lor X) \Leftrightarrow [(\Phi \land \Psi) \lor (\Phi \land X)]$

    $\Phi \lor (\Psi \land X) \Leftrightarrow [(\Phi \lor \Psi) \land (\Phi \lor X)]$

7. 狄摩根定律 (DeM)：$-(\Phi \land \Psi) \Leftrightarrow (-\Phi \lor -\Psi)$

    $-(\Phi \lor \Psi) \Leftrightarrow (-\Phi \land -\Psi)$

8. 移出律 (Exp)：$[(\Phi \land \Psi) \to X] \Leftrightarrow [\Phi \to (\Psi \to X)]$

9. 強化之 CD (S-CD)：$(\Phi \to \Psi) \Leftrightarrow (-\Phi \lor \Psi)$

10. 雙條件句與選言之關係 (BD)：$(\Phi \leftrightarrow \Psi) \Leftrightarrow [(\Phi \land \Psi) \lor (-\Phi \lor -\Phi)]$

VIII. 如何省略括號

1. 最外圍的括號可省，因此 $\Phi \to \Psi$ 和 $(\Phi \to \Psi)$ 是一樣的。我們在好些地方都已如此在做。

2. 利用先乘除後加減的原則。

    2.1 「−」管轄的範圍除非碰到括號，否則它僅及於緊跟著它的合法句式。碰到「−」以及「∨」或「∧」在同一句式中出現時，那麼（如果沒有其他括號在「−」之前），「∨」或「∧」的管轄範圍較大。如──

「–Q∨P」指的是「(–Q)∨P」而非「–(Q∨P)」之意；

「–Q∧P」指的是「(–Q)∧P」而非「–(Q∧P)」之意。

2.2 但是「∨」和「∧」**地位平等**，相遇時必須用括號表明各自之管轄範圍。如——

「–Q∨P∧R」就是不清楚且不合法的式子；但

「(–Q∨P)∧R」是清楚的，「–Q∨(P∧R)」也是清楚的。

2.3 如果「–」，「∨」或「∧」，以及「→」同時出現在一個句式中，除非有括號另作表示，「→」管轄範圍最大，「∨」或「∧」次之，「–」最小。如——

「–Q∨P→R」意思指的是「(–Q∨P)→R」的意思，

　　　　　不是指　　「–Q∨(P→R)」的意思，

　　　　　也不是指　「–[Q∨(P→R)]」的意思；

「–Q∧P→R」意思指的是「(–Q∧P)→R」的意思。

2.4 「→」和「↔」地位相等。所以兩者在一起時必須用括號劃分勢力範圍。如「P↔Q→R」是不清楚的，而「(P↔Q)→R」或「P↔(Q→R)」則是清楚的。

由以上的非正式之規定，我們可以看出下列的情況：

a. $((–(P∨Q)∧R)→((–P∧S)↔((–T∨S)→U)))=$
$–(P∨Q)∧R→(–P∧S↔(–T∨S→U))$

b. $(((((–(P↔–Q)∨––R)∧(–S∧–T))→(U∨V))↔(–W∧V))= ((–(P↔–Q)∨––R)∧(–S∧–T)→U∨V)↔(–W∧V)$

3. 如果一個合法句式中，除了「–」符號以外，其他的連接符號全都是「∨」符號，或全都是「∧」符號，那麼由於結合律和交換律的作用，我們可以忽略環繞在每一個 $(Φ∨Ψ)$ 或 $(Φ∧Ψ)$ 的括號——但是碰到 $–(Φ∨Ψ)$ 或 $–(Φ∧Ψ)$ 的部份不要去動它。此一約定的意思是：

$$((P \vee Q) \vee -R) \vee (--S \vee W) \vee ((-(-W \vee V) \vee U))$$

可被看成是：

$$P \vee Q \vee -R \vee --S \vee W \vee -(-W \vee V) \vee U$$

如此一來可省卻不少括號的使用。如果要加上括號，則我們可以在任何 $\Phi \vee \Psi$ 處加上成對的括號。這些是結合律告訴我們的。進一步，我們可以利用交換律的反覆運用，也可以忽視上述一式中成員的先後次序。所以上述一式可看成：

$$Q \vee -R \vee P \vee W \vee -(-W \vee V) \vee U \vee --S$$

或其他你想要的次序，只要你把全部的成員都拉進來了就可以了。

第四章　擴充我們的遊戲
—— 介紹「(x)」及「(∃x)」

§1　需要進一步擴大我們的遊戲

在前面三章中，我們學到了一些推論遊戲，而且也知道如何應用到日常推理上。但並非所有的日常推理都可以照前三章所介紹的辦法來處理。比如下面這個簡單的推理：

魚是卵生的	P
鯨魚是胎生的	Q
凡是卵生的就不會是胎生的	R
├ 鯨魚不是魚	├ S

就無法用以前所學的推論方法來處理。注意到這個推理最右邊的符號翻譯嗎？推理中的前提和結論看起來都不具備「並非」、「或者」、「而且」、「如果……，那麼……」這類指示連接句式的語詞，因此，四個語句只能譯成英文中四個不同的字母。面對這四個最簡單的句式，試問我們能做怎樣的推論？但從另一個角度來看，我們又似乎可以判斷上面的推理中的語句彼此之間絕對不是毫無關聯；否則的話，為什麼我們都會認定這個推理是個不錯的推理？應該有一種清楚的遊戲規則來理想地反映為什麼我們這樣的判斷是正確的。看來，我們該擴充我們的遊戲了。

這個情形有點類似我們小時候所學的有關加、減、乘、除在正整數方面的運算。我們學會了這些運算方法，可以處理很多日常生活或非日常生活方面的計算。但是，我們發現只停留在正整數方面是不夠的，於是我們開始學負數、分數……方面的加、減、乘、除之運算。我們擴大了我們四則運算的範圍，因此，我們在計算方面的能力也就更擴大、更增加了。

在這一章中，我們準備介紹「(∃x)」和「(x)」。表面看來只是介紹兩個新符號，但實際上我們的遊戲更複雜了。

§2　常元與述詞

請讀者檢視一下在第一節中所提到的那個推理。我們之所以認為那個推理是正確的，乃是因為我們覺得前提中的三個句子是有關聯的，而且它們的關聯方式很特殊。特殊的地方在何處呢？就該推理而論，魚屬於卵生的動物之中，卵生的動物和胎生的動物沒有交集，鯨魚既然是胎生的，那麼魚和鯨魚則兩不相屬，這是我們的思考；就推理的文字或語言而論，我們似乎得追究每個句中的內部**結構**，並從**各句的內部結構**看出各句之間的關係。我們底下設計的符號遊戲就是想在理想上反映（在一個程度上）語句的內部結構。

現在回想一下你以往學習中文或英文文法的情形。無論是中文或英文的句子，就其**整體結構**來講，舊式的文法會告訴我們它都有兩個主要部份：一部份是**主語**，用來指稱我們所討論、談論的東西；另一部份是**述語**，用來述說我們所提到的東西到底是什麼、怎麼回事、或做什麼。例如，「**A 校的學生張三**最近在青年杯網球公開賽贏得了冠軍」這個句子中的「A 校的學生張三」就是一個主語，而句子剩下的部份就是謂語。

當邏輯家進行由較小的單位形塑一個符號的合法句式時，你大可以設

想他們想到的就是普通語句的主語和謂語所形成的語句結構。現在讓我們
來看看他們提供什麼樣的符號來反映日常語句之結構。

在第一、二章的遊戲中，我們所使用的符號只有大寫的英文字母或附
有足碼的大寫英文字母再加上連結符號（「－」、「∨」、「∧」、「→」以及「↔」）；
雖然符號的供應無可窮盡，但因為字母各別地只能代表一個句式，我們也
無法用這些符號來分析句式的內部成分。現在我們得擴大符號庫。

首先，我們有從小寫的「a」到小寫的「t」英文字母或帶有足碼的這
些小寫字母，它們統稱之為常元。例示如下：

a, b, c, d, e, f, g, h, i, j, k, l, m, n, o, p, q, s, t

$a_1, b_1, c_1, d_1, e_1,$.................................... p_1, q_1, s_1, t_1

$a_2, b_2, c_2, d_2, e_2,$.................................... p_2, q_2, s_2, t_2

$a_3, b_3, c_3,$.................................... p_3, q_3, s_3, t_3

$a_4, b_4, c_4,$.................................... p_4, q_4, s_4, t_4

（這些小寫字母或帶足碼的小寫字母用來指稱我們談話、寫作所談論到的
事與**物**，好像事物之名稱或名字。邏輯家總是杞人憂天，很怕我們擁有的
名字不夠用來指稱所有的事物，所以便準備了無限多個名稱。你不必被這
一個常元符號組所嚇倒，你只需記住：名稱從來不會匱乏，就像在第一、
二章時你不必擔心是不是有些語句無法用字母來表示，因為帶足碼的字母
有無限多個呢。）

其次，我們有帶**頭碼**的大寫英文字母（就是說一個阿拉伯數字放在字
母的右上方，如：「A^4」）或帶足碼的這些帶頭碼的大寫英文字母，統稱之
為**述詞**。例示如下：

一位述詞： $A^1, B^1, C^1, D^1,$ …… $, X^1, Y^1, Z^1$

$\qquad A^1_1, B^1_1, C^1_1, D^1_1,$ …… $, X^1_1, Y^1_1, Z^1_1$

$\qquad A^1_2, B^1_2, C^1_2, D^1_2,$ …… $, X^1_2, Y^1_2, Z^1_2$

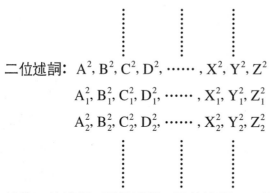

二位述詞: $A^2, B^2, C^2, D^2, \cdots\cdots, X^2, Y^2, Z^2$

$A_1^2, B_1^2, C_1^2, D_1^2, \cdots\cdots, X_1^2, Y_1^2, Z_1^2$

$A_2^2, B_2^2, C_2^2, D_2^2, \cdots\cdots, X_2^2, Y_2^2, Z_2^2$

其他三位述詞、四位述詞、五位述詞……均可類推。(這些述詞的供應也是無有窮盡的。述詞主要是用來表示事物的特點〔性質、狀態〕或事物之間的關係的。)

有了常元和述詞,我們可以塑造符號的句式了。我們可以有一個簡單的造句原則(注意:這不是正式的造句原則,正式的造句原則會在第 4 節中做最嚴格的規定。)如下:一位述詞後面的右下方,如果跟有一個常元,就構成一個句式。如:「A^1a」,「B^1c」,「X^1s」,「A_4^1e」,「B_{32}^1f」,……都是句式。類推起來,n- 位述詞,如果跟有 n 個常元,也就構成一個句式。如:「A^4acde」,「B^5aaaaa」,「C^3sta」,……等等。(如果把所用常元賦予意義,述詞也賦予意義,我們就可讀出一個符號句式的意義了。如:「a」代表「孫中山」,「F^1」代表「是廣東人」的符號,那麼「F^1a」就可以用來表示:孫中山是廣東人。)

以下就是本於上述原則,把一些日常語句翻譯成符號句式。

(1) 孔子是春秋時代的人。(a = 孔子;F^1 = 是春秋時代的人。整句符號化為:F^1a)

(2) 子產是春秋時代的人。(b = 子產。——F^1b)

(3) 第一次世界大戰是很殘酷的事情。(c = 第一次世界大戰;G^1 = 是很殘酷的事情。——G^1c)

(4) 第二次世界大戰是很殘酷的事情。(d = 第二次世界大戰。——G^1d。注意:像第一次、第二次世界大戰,雖然牽扯萬端,但我們

仍以常元指稱它，因為它是我們談論之對象。）

(5) 戰爭是很殘酷的事情。（e = 戰爭。──G^1e）（注意：即使是籠統的一般事物也可用常元稱之。）

(6) 張小毛喜歡王玉華。（j = 張小毛；k = 王玉華；L^2 = ○○○喜歡××。──L^2jk。注意：二元或二元以上的述詞後面所跟的常元出現的順序一般講來反映著中文語句中所提事物名稱的順序。如果我們要說「王玉華喜歡張小毛」，我們依所給定的縮寫就成了：L^2 kj。下面兩例更能顯示此處所強調的重點。）

(7) 臺北位於基隆和新竹之間。（f = 臺北；g = 基隆；h = 新竹；B^3 = ○○○位於×××和……之間。──B^3fgh）

(8) 桃園位於臺北和新竹之間。（i = 桃園。──B^3ifh）

(9) 學習外國語很花時間。（l = 學習外國語；T^1 = 很花時間。──T^1l）

(10) 《錯把太太當帽子》是一本很有意思的書。（m = 《錯把太太當帽子》；S^1 = 是一本很有意思的書。──S^1m。注意：(9) 表明，即使是一個歷程，也可以用常元來稱呼它；(10) 所談更具體了，是用常元來指稱一本書。）

§3 變元和量符

在日常語言中，我們會使用代名詞（如：「你」、「我」、「他」、「它」等等）來代替名詞以指稱我們所談論的人、事、物。通常我們不會沒頭沒腦地使用一個代名詞。比如說，有人走進教室突然冒出一句：「他得了肝炎。」坐在教室的人一定會想知道這個「他」是指誰呀？在談話或文章中都有**先行詞**，用來**鎖定**代名詞所指之對象；而在實際的交談裡，即便先行詞出現得不很明顯的場合，也由於大家共處的背景、情境，讓我們可以指認出代

名詞之所指。

在本章的擴大的遊戲裡，也要用到類似代名詞的符號。我們用六個小寫字母——「u」、「v」、「w」、「x」、「y」、「z」——以及帶有足碼的這六個小寫字母，如：「u_1」、「v_1」、「w_1」、「x_1」、「y_1」、「z_1」、「u_2」、「v_2」、「w_2」、……來扮演類似語文中的代名詞的角色，我們統稱之為變元 (variables)。讀者不難看出，即便是變元，邏輯家所提供的數量也是無窮盡的。

如果「x」、「y」、「z」、「u」、「v」、「w」等變元被看成是類似代名詞的符號，那麼它們似乎也需要一些字眼來鎖定以便確定所指的對象吧? 是的，鎖定它們的符號有兩類: 一類是:

a) 全稱量化符號 (universal quantifiers，又稱做全稱量符、全稱量詞、或普遍量化符號): 通常是在一個「( )」的空白處填進一個變元，就構成了一個全稱量符。以下為全稱量符:

$$(x), (y), (z), (u), (v), (w), (u_1), (w_3), \cdots\cdots$$

其意義分別為: 任何 x (即不管 x 是什麼)、任何 y (即不管 y 是什麼)、任何 z (即不管 z 是什麼)……。

另一類是:

b) 存在量化符號 (existential quantifiers，又稱做存在量符、存在量詞): 通常是在一個「(∃)」的空白處填進一個變元，就構成了一個存在量符。以下為存在量符:

$$(\exists x), (\exists y), (\exists z), (\exists u), (\exists v), (\exists w), (\exists u_1), (\exists w_3), \cdots\cdots$$

其意義分別為: 至少有一個 x (或存在一個 x)、至少有一個 y (或存在一個 y)、至少有一個 z (或存在一個 z)……。

有些作者認為量符只有兩個而不是兩類，他們認為「( )」及「(∃)」才是量符，其意義分別指:「所有的」以及「至少一個」的意思; 至於「(x)」或「(∃ x)」，他們稱之為「量化片語」。他們這樣做固然言之成理、持之有

故。但是，我們認為真正能鎖定變元的，不是單純的「任何的」或「存在一個」，而是「任何 x」或「至少有一個 x」之類的符號，所以我們比較願意把「(x)」或「(∃x)」看成是量符。

我們現在來看看量符所產生的作用。一個句子如：

(11) 他得了肝炎。

我們會摸不著頭腦，誰得了肝炎？同理，但我們若不很嚴格地講出或寫出下列的「句子」，我們也不了解什麼東西得了肝炎：

(12) x 得了肝炎。

但下面兩個「句子」就比較有點意思了：

(13) (x)（x 得了肝炎）。

　　　——（不管 x 是什麼，x 都得了肝炎。換句話說，任何東西都得了肝炎。奇怪的說法，但可以理解。）

(14) (∃x)（x 得了肝炎）。

　　　——（至少有一個東西得了肝炎。這是很可以理解的話了。）

如果把「得了肝炎」用述詞符號「F」加以表示，(13)、(14) 就分別地可寫成：

(13′) (x) F^1x

(14′) (∃x) F^1x

3.1　非正式的造句原則

在沒有先行詞的情況下，日常語言中的一句「他得了肝炎」固然是一句我們不能確認何人得了肝炎的句子，但我們畢竟會承認那仍然是一個**語法上可接受的句子**。同樣的道理，「F^1x」、「G^2xy」、「B^3xyz」、……之類的符號，在沒適當量符鎖定那些變元時，固然有讓人無法確定這些符號要講的到底是「所有的 x」還是「至少有一個 x」、是「所有的 x、所有的 y」還是「有些 x 有些 y」（即「至少有一個 x、有一個 y」）、是「所有的 x, y, z」還是「至少有一個 x、有一個 y、有一個 z」，但我們似乎仍可承認它們是類

似句子的句式。抑有進者，我們也可以有常元與變元混合在一個句式中的情形。這有點類似我們在日常語句接受「張三喜歡他」、「他打了李四三下」等等帶有名詞與代名詞相混的句子。因此，我們該接受下列的符號句式：

    (i) $F^1a, G^1b, H^1c, C^2st, B^3bcj, \cdots\cdots$（述詞只跟常元）

    (ii) $F^1x, G^1y, H^1x, C^2xy, B^3uvx, \cdots\cdots$（述詞後跟變元）

    (iii) $C^2xa, B^3avx, K^2ay, G^4xays, \cdots\cdots$（述詞後跟常元及變元）

當然加上量詞的也該算句式：

    (iv) $(x) F^1x, (x) F^1a, (y) H^1y, (x) (y) C^2st, (x) (y) C^2xy, (x) (\exists y)C^2st, (x) (\exists y)$
        $C^2xy, (\exists x) (\exists y) C^2xy, \cdots\cdots$

我們可以暫時寫下一個造句原則：

    如果 $\mathcal{P}^n$ 是一個 n- 位述詞，而 $\alpha_1, \alpha_2, \alpha_3, \alpha_4, \cdots\cdots \alpha_n$ 是常元或變元，

    那麼   a) $\mathcal{P}^n \alpha_1 \alpha_2 \alpha_3 \cdots\cdots \alpha_n$ 就是一個句式；

             b) 如果 Φ 是一個句式，那麼如果 α 為一變元，則 $(\alpha) \Phi$ 以及

             $(\exists \alpha) \Phi$ 均為句式。

注意：我們此處的造句原則還不完整，但足夠我們使用了。

3.2　簡單的翻譯應用

有了常元、述詞、變元以及量符之後，如果碰到日常語言的語句，那麼只要我們選擇好恰當的縮寫，那麼我們可以把**很多**的日常語言的語句加以符號化。以下我們要舉一些符號化翻譯的實例，讀者最好耐心地把這一翻譯技巧學會，所以對下面的例子要細心觀察。

(15) 所有的大學生都是聰明的。（全稱肯定句，簡作 A- 型句）

    (i)（任何 x）（如果 x 是大學生，那麼 x 是聰明的。）

    (ii) (x)（x 是大學生 → x 是聰明的）

    (iii) (x) $(F^1x → G^1x)$

(16) 所有的大學生都是不聰明的。（全稱否定句，簡作 E- 型句）

　　（i）（任何 x）（如果 x 是大學生，那麼 x 是不聰明的。）

　　（ii）(x)（x 是大學生 → x 是不聰明的）

　　（iii）(x) $(F^1x \rightarrow -G^1x)$

(17) 有些大學生是聰明的。（偏稱肯定句，簡作 I- 型句）

　　（i）（至少有一個 x）（x 是大學生而且 x 是聰明的。）

　　（ii）(∃ x)（x 是大學生而且 x 是聰明的。）

　　（iii）(∃ x) $(F^1x \wedge G^1x)$

(18) 有些大學生是不聰明的。（偏稱否定句，簡作 O- 型句）

　　（i）（至少有一個 x）（x 是大學生而且 x 是不聰明的。）

　　（ii）(∃ x)（x 是大學生而且 x 是不聰明的。）

　　（iii）(∃ x) $(F^1x \wedge -G^1x)$

這四個類型的語句可說是最基本的，其他的語句都是仿造這四個類型或略加變型而形成，所以，有必要做較詳細的討論。

　　首先，如果從傳統文法來看，這四個句子都是很單純**主謂語**構成的結構，其中「所有的大學生」、「有些大學生」是主語，而「是聰明的」或「是不聰明的」是它們的謂語。但細究起來，就有一些問題發生：世界上有沒有一個東西可以對應「所有的大學生」呢？有沒有一個事、物來對應「有些大學生」呢？它們這兩個名詞片語如果真要有些意思，必須是「個個大學生」或「最少有一個大學生」吧。所以，在 (15)，(16) 句中其實包含著許多個陳述：要是張生是大學生，張生是聰明的；要是李生是大學生，李生是聰明的……。這就讓現代邏輯產生了下面的觀念：不管 x 是什麼，如果 x 是大學生，那麼 x 是聰明（或是不聰明）的。這樣的處理就可以避開尋找什麼東西可對應「所有的大學生」的麻煩。同樣的道理，用「最少有一個大學生」來理解「有些大學生」，也可以避免有什麼東西可對應「有些大學生」的疑惑。

　　在現代邏輯這樣的處理下，「所有的大學生」、「有些大學生」就不是**普**

通的名詞了，相反的這樣的主語其實內中包含有其他的子句：「不管 x 是什麼，如果 x 是大學生」、「至少有一樣東西 x，x 是大學生」分別是其中的子句。這也就是為什麼你在已符號化的句式中找不到剛好對應「所有的大學生」或「有些大學生」的名詞樣的東西。

　　其次是初學者很容易有的疑問：在作符號翻譯的時候，為什麼 I- 型句和 O- 型句，要譯作「$(\exists x)(F^1x \wedge G^1x)$」及「$(\exists x)(F^1x \wedge -G^1x)$」而不是「$(\exists x)(F^1x \to G^1x)$」及「$(\exists x)(F^1x \to -G^1x)$」呢？這裡只要細想我們日常語句就應該明白的。當我們說：「有人喜歡讀史記」，我們的確是指至少有那麼一個人，他喜歡看史記；我們的意思不會是：至少有一個東西，如果他是人的話那麼他喜歡看史記。「有人如何如何」就已經表示人之存在必須是資訊內容的一部份。因此，「有些大學生是聰明的」，帶給我們的資訊是：的確有大學生是如此這般。抑有進者，如果我們用「$(\exists x)(F^1x \to G^1x)$」來譯「有些大學生是聰明的」，那會產生嚴重之後果。我們在此也許跳躍了好幾步，但相信讀者不難理解。讀者還記得第三章有個條件句轉換成選言的 S-CD 等值式規則嗎？依那個規則，「$(\exists x)(F^1x \to G^1x)$」可以改寫成「$(\exists x)(-F^1x \vee G^1x)$」。如果是這樣，我們把後者再轉譯成文字，那會成什麼樣子呢？「$(\exists x)(-F^1x \vee G^1x)$」的意思會是：至少有一個 x，x 不是大學生或 x 是聰明的。這樣的意思還跟大學生有什麼關係？在大宇宙之中，我們只要找到一個不是大學生的東西，或任何聰明的東西（如某隻海豚），我們就驗證了「$(\exists x)(-F^1x \vee G^1x)$」。但這是我們原句「有些大學生是聰明的」的原意嗎？原句如果要被證實為所言不虛，我們至少得找到一個大學生而且他是聰明的。所以，原句不能譯成「$(\exists x)(F^1x \to G^1x)$」。

　　急切的讀者會由此設想：難道 A- 型句和 E- 型句不應該譯成「$(x)(F^1x \wedge G^1x)$」及「$(x)(F^1x \wedge -G^1x)$」嗎？不行！不行！再仔細讀讀「$(x)(F^1x \wedge G^1x)$」。它的意思成了：不管 x 是什麼，x 是大學生而且是聰明的。換句話說，宇宙中的任何東西都成了大學生而且是聰明的大學生。這樣也許是好事，至少人人都成了聰明的大學生，但是它也表示昨天晚上咬我的那隻蚊子、我

手中的粉筆、你早上看見的太陽、你身上的每個細胞、……一切的一切都是聰明的大學生。這當然不是原來的意思。我們若改成了「不管 x 是什麼，如果 x 是大學生，x 就是聰明的」，我們就沒有前面提到那種嚴重後果。所以，A- 型句和 E- 型句要譯成「(x) (F¹x → G¹x)」及「(x) (F¹x → –G¹x)」。

「A」、「E」、「I」、「O」是我們從傳統邏輯中借來的術語。我們前面的討論裡，就已經多少透露現代邏輯已經稍稍掙脫了傳統的邏輯束縛（如：量詞的引進，對「所有的大學生」或「有些大學生」這類語詞的處理等等）。有一點我們要提到的是傳統邏輯在處理 A- 型句和 E- 型句時，它有一個存在假定 (the existential presupposition)：**被提到的主語必須指實物，不能指一個空集合**。換句話講，照傳統邏輯的意思：我們應該把 (15) 及 (16) 分別譯成「[(x) (F¹x → G¹x)] ∧ (∃ x) F¹x」和「[(x) (F¹x → –G¹x)] ∧ (∃ x) F¹x」這樣兩個句式。傳統邏輯也因此不能容納像「龍是噴火的動物」這樣的語句，因為龍根本不存在。現代邏輯沒有類似的存在假定，照它的辦法，它可把「龍是噴火的動物」和「龍不是噴火的動物」分別譯成「(x) (L¹x → P¹x ∧ A¹x)」以及「(x) (L¹x → –(P¹x ∧ A¹x))」這樣兩個符號句式（給定的縮寫是：L¹ = 是龍；P¹ = 會噴火的；A¹ = 是動物）。而這兩個句子都要被看成是「真」的語句，因為**我們找不到反例**：找不到一條龍，不管牠噴不噴火！這是現代邏輯十分有意思的地方。

希望以上較為冗長的討論，有助於讀者徹底理解 A、E、I、O 四類句型。現在繼續我們的翻譯實例。

(19) 這個課的學生只要用功都可以及格。

　(i) 不管 x 是什麼，如果 x 是這個課的學生，那麼只要 x 用功 x 就可以及格。(F¹ = 是這個課的學生；G¹ = 用功；H¹ = 可以及格)

　(ii) (x) (F¹x → (G¹x → H¹x)) 或 (x) (F¹x ∧ G¹x → H¹x)

　　請參看第三章附錄中討論省略括號之約定。

(20) 這個課的學生只有用功才可以及格。

(i)不管 x 是什麼，如果 x 是這個課的學生，那麼 x 只有用功才可以及格。

(ii)$(x)(F^1x \to (H^1x \to G^1x))$

(21) 年滿二十歲的人才可以投票。

(i)任何東西，如果他是人而且可以投票，那麼一定要年滿二十歲。

(字典：H^1＝是人；V^1＝可以投票；T^1＝年滿二十歲)

(ii)$(x)(H^1x \wedge V^1x \to T^1x)$

(22) 有些人愛吃甜，有些人愛吃鹹，但並不是愛吃甜的人就不愛吃鹹。

(字典：H^1＝是人；S^1＝愛吃甜；U^1＝愛吃鹹)

(i)$(\exists x)(H^1x \wedge S^1x) \wedge (\exists x)(H^1x \wedge U^1x) \wedge -(x)(H^1x \wedge S^1x \to -U^1x)$

注意：三個分句是由兩個選言符號連接起來的，根據結合律，我們把左邊兩句括在一起或把右邊兩句括在一起，其實沒有分別。因此，我們不加括號。此外，在譯最後一個分句時，你最好先譯「愛吃甜的人不愛吃鹹」，譯完之後再在最左端加一個否定號「–」來表示那個「並不是」。有些讀者會說，這最後一個句子豈不意謂：有些愛吃甜的人也愛吃鹹嗎？的確如此。依這種了解，你大可把該分句譯成「$(\exists x)(H^1x \wedge S^1x \wedge U^1x)$」。但我們一般的忠告是：儘量把符號句的結構跟原語文中的句子結構拉近。

(23) 有些愛吃甜的人也愛吃鹹。

(i)$(\exists x)(H^1x \wedge S^1x \wedge U^1x)$

(24) 張小毛的朋友都愛吃鹹，但張小毛愛吃甜。

(字典：a＝張小毛；F^2＝○○○是×××的朋友)

(i)$(x)(F^2xa \to U^1x) \wedge S^1a$

(25) 二年級的男生和女生都可以參加這次運動會。

(i)不管 x 是什麼，如果 x 是二年級的男生或二年級的女生，x 可以參加這次運動會。(條件句中前件部份絕對不是「x 是二年級的男

生而且 x 是二年級的女生」。這給我們一個教訓：不要被日常語言
的表面結構誤導。）

（字典：M^1＝是二年級男生；F^1＝是二年級女生；P^1＝可以參加
這次運動會。）

(ii) $(x)(M^1x \lor F^1x \to P^1x)$

注意：量詞後面是一個條件句，我們故意省掉其中選言的括號。請讀者參
考第三章附錄討論如何省略括號的部份。此外，對於此句的翻譯，讀者也
會想到：原句的意思豈不是指二年級的男生都可以參加這次運動會，並且
二年級的女生也可以參加這次運動會嗎？如果是這樣，豈不是可以符號化
如下：

(iii) $(x)(M^1x \to P^1x) \land (x)(F^1x \to P^1x)$

這種譯法完全正確。在下一章的推論遊戲中，我們可以證明(ii)與(iii)是互相
等值的。

(26) 所有的整數不是偶數就是奇數。

（字典：I^1＝是整數；E^1＝是偶數；O^1＝是奇數。）

(i) $(x)(I^1x \to E^1x \lor O^1x)$

注意：不可譯成「$(x)(I^1x \to E^1x) \lor (x)(I^1x \to O^1x)$」。為什麼？想一下就不
難明白。

(27) 學校的老師都認識王校長。

（字典：a＝王校長；T^1＝學校的老師；K^2＝○○○認識××。）

(i) $(x)(T^1x \to K^2xa)$

讀者會問：此處說的「學校的老師」指的一定是某個學校的老師，那麼在
製作字典的時候何不就模仿「張三的朋友」那樣，用一個二元述詞，比如
說「s」代表「某特定的學校」，而「T^2」代表「○○○是×××的老師」。
這樣一來，整句就可譯成「$(x)(T^2xs \to K^2xa)$」。這樣做是完全合理的。這
也告訴我們：不同的字典有可能導致不同的符號化。我們需要注意的是，

做縮寫字典時儘量求其合理。但怎樣做才叫合理，那就是一個非常難以明確回答的問題。實際的經驗可以提供我們一些這樣或那樣的參考意見，但都不是絕對的。翻譯，即便是符號化的翻譯也是一種非機械化的工作。

(28) 張老師尊敬自己，而且也被全體學生所尊敬。

　　(字典：a = 張老師；S^1 = 是學生；R^2 = ○○○尊敬×××)

　(i) $R^2aa \land (x)(S^1x \to R^2xa)$

(29) 尊敬張老師的那些學生也尊敬自己。

　(i) $(x)(S^1x \land R^2xa \to R^2xx)$

(30) 有些學生只在考試之前幾天才看書。(換句話講，他或他們不到考試之前幾天是不看書的；他們看書一定是在考試之前幾天之中。)

　　(字典：S^1 = 是學生；R^1 = 看書；E^1 = 是處在考試之前幾天內)

　(i) $(\exists x)(S^1x \land [R^1x \to E^1x])$

練 習 題

用邏輯符號翻譯下列語句——

1. 好人不一定得好報。（G¹＝是好人；R¹＝得好報。）

2. 能上課的學生都註過冊。（C¹＝能上課的學生；R¹＝是已經註過冊的學生。）

3. 只有註過冊的學生才能上課。

4. 有些學生一到暑假就去打工。（S¹＝是學生；V¹＝處在暑假時；W¹＝打工。）

5. 有些學生到了暑假才去打工。（他們打工的時候，一定是暑假了。）

6. 學生有好成績就可以找到好工作。（S¹＝是學生；R¹＝有好成績；F¹＝可找到好工作。）

7. 學生有好成績才能找到好工作。

8. 蔬菜和水果都是有益健康的食物。（V¹＝是蔬菜；F¹＝是水果；H¹＝是有益健康的食物。）

9. 有些食物煮熟就不可口了。（F¹＝是食物；C¹＝被煮熟；D¹＝是可口的。）

10. 有些食物煮熟才可口。

11. 認識王校長的學生都是機械系的學生。（K²＝○○○認識×××；a＝王校長；S¹＝是學生；M¹＝是機械系的學生。）

12. 被王校長認識的學生都是管理學院的學生。（A¹＝是管理學院的學生；其他縮寫見上題。）

13. 認識王校長的學生也都被王校長所認識。

14. 認識王校長或被王校長認識的學生不是營建系的學生就是會計系的學生。（C¹＝是營建系的學生；B¹＝是會計系的學生。）

15. 四邊形不一定是平行四邊形。(Q^1 = 是四邊形；P^1 = 是平行四邊形。)

16. 平行四邊形一定是四邊形。

17. 人是生物，螞蟻也是生物。(H^1 = 是人；O^1 = 是生物；A^1 = 是螞蟻。)

18. 鯨魚不是魚。(W^1 = 是鯨魚；F^1 = 是魚。)

§4　正式的造句原則和變元的自由性與拘限性

A. 首先，我們得把我們的組織原則作嚴謹的規定。也就是說，到底哪些符號可以在我們的新推論遊戲中扮演適當的角色。讓我們回顧一下：

a) 常元和變元，現在我們可整合起來統稱為**詞** (terms)。所以，如：「a」、「b」、「c」、「d」、……「s」、「t」（再加上帶**足碼**的這類小寫字母）是詞；而「x」、「y」、「z」、「u」、「v」、「w」（再加上帶足碼的這類小寫字母）也是詞。

b) 述詞：我們用帶**頭碼**的英文大寫字母（不論帶不帶足碼）來當做符號庫裡的述詞。所以，如下面的：

$$A^1, B^1, C^1, \cdots\cdots X^1, Y^1, Z^1, A^1_1, B^1_1, \cdots\cdots A^2, B^2, C^2, \cdots\cdots X^2, Y^2, Z^2 \cdots\cdots$$

這些都是述詞。我們依述詞之頭碼所示，有一位述詞、二位述詞、三位述詞……。每一類型都是無窮盡的。

現在我們可寫下**合法句式**的嚴格定義。這也可看成是一個**嚴格的造句原則**。下面的規定告訴我們什麼是合法句式。

規定 I．任何大寫英文字母（不管帶不帶足碼，但不得帶頭碼）都是合法句式。

規定 II．如果 $\mathcal{P}^n$ 是 n- 位述詞，而 $\alpha_1, \alpha_2, \alpha_3, \alpha_4, \cdots\cdots \alpha_n$ 是詞，那麼
$$\mathcal{P}^n \alpha_1 \alpha_2 \alpha_3 \cdots\cdots \alpha_n \qquad 也是合法句式。$$

（如：「B^4xyab」、「C^3xza」、「F^1x_{13}」、……均為合法句式。）

規定 III．如果 Φ 以及 Ψ 是合法句式，那麼
$$-\Phi, (\Phi \vee \Psi), (\Phi \wedge \Psi), (\Phi \rightarrow \Psi), (\Phi \leftrightarrow \Psi) \qquad 都是合法句$$
式。（如：「$(A \rightarrow B)$」、「$((H \wedge F^1x) \vee R^2ay)$」、「$(F^1x \rightarrow G^2xz)$」、「$-(A^3abc \leftrightarrow W_{165})$」、「$(B^3abx \vee S)$」、……都是合法句式。根

據括號省略法，最外圈之括號可省略；另有其他省略辦法，請回看第三章附錄中有關部份。）

規定Ⅳ. 如果 Φ 是合法句式，α 是一個變元，那麼

$(\alpha)\,\Phi,\,(\exists\,\alpha)\,\Phi$ 　　都是合法句式。（如：「(x) A」、「(∃ x) B」、「(x) A¹x」、「(x) A¹y」、「(z) (B³xby ∨ H)」、「(w) ((x) A¹y ∨ (∃ z) B²zy)」、……都是合法句式。）

規定Ⅴ. 任何句式如要合法，必須從 Ⅰ、Ⅱ、Ⅲ、Ⅳ規定中推導出來；否則，不是合法句式。（如：「(x)」、「A(x)」、「(y) (A¹xv)」、「A¹x B²xa」、……不是合法句式，因為無法由任何規則推出。）

事實上，我們把第一章的合法句式也收納在我們的規定 Ⅰ 和Ⅲ之中了。

B. 有了嚴格界定的合法句式觀念，我們便可以來談一下在一合法句式（自此以下簡稱為句式）中出現的變元的自由與拘限性格了。先看下面一個明顯的例子：

K　　(x) (F¹x → (∃ y) (G¹y ∧ H²xy) ∨ (∃ z) (I¹z ∧ H²zx))

這是一個合法句式，因為我們可以據句式之定義把它推導出來：

(i) F¹x 據規定Ⅱ，

(ii) G¹y, H²xy, I¹z, H²zx 據規定Ⅱ，

(iii) (G¹y ∧ H²xy), (I¹z ∧ H²zx) 據規定Ⅲ，(ii)，

(iv) (∃ y) (G¹y ∧ H²xy), (∃ z) (I¹z ∧ H²zx) 據規定Ⅳ，(iii)，

(v) (∃ y) (G¹y ∧ H²xy) ∨ (∃ z) (I¹z ∧ H²zx) 據規定Ⅲ，(i)，(v)，

(vi) (F¹x → (∃ y) (G¹y ∧ H²xy) ∨ (∃ z) (I¹z ∧ H²zx)) 據規定Ⅲ，(i)，

(vii) (x) (F¹x → (∃y) (G¹y ∧ H²xy) ∨ (∃z) (I¹z ∧ H²zx)) 據規定Ⅳ，(vi)。

如果賦與「F¹」、「G¹」、「H²」、「I²」以一定的意義，則整個句式就可以顯出意義來。再者，這個句式中每個變元都被鎖住或鎖定了。——用即將介紹的專門術語講，它們都不自由了，它們被拘限了。但是，如果我們把最外

邊「x」拿掉，原式成了：

K'　　$F^1x \rightarrow (\exists y)(G^1y \wedge H^2xy) \vee (\exists z)(I^1z \wedge H^2zx)$

現在這個式子中的「x」就不受拘限了，我們不能確定它們是「一切的 x」中的「x」，還是「有些 x」中的「x」。所以，句式中的三個「x」（有些書會說「x」的三次出現）都是自由的，但是「y」及「z」均不自由。如果我們去掉「(∃y)」，則 K' 成了 K": $F^1x \rightarrow (G^1y \wedge H^2xy) \vee (\exists z)(I^1z \wedge H^2zx)$。

　　現在的「x」和「y」全部都自由了，但「z」仍是被拘限的。如果再去掉「(∃z)」，則 K" 成了：

K'"　　$F^1x \rightarrow (G^1y \wedge H^2xy) \vee (I^1z \wedge H^2zx)$

現在全部的變元都自由了，不再受拘限了。

　　可見變元之受拘限與否，與量符有關。我們現在做下面的規定，以便讓我們徹底識別變元的自由性和拘限性。

1. 量符的範圍：

　　一個量符所及之範圍就是緊跟著它之後的最小單位之合法句式。如：

L　　$(z)((x)F^1x \vee (\exists y)(H^1y \vee G^2xy))$

在 L 式中，「(x)」的範圍就是「F^1x」，雖然「$(H^1y \vee G^2xy)$」也在「(x)」之後，但它不是緊跟著「(x)」之最小單位之句式，那個「頭銜」已被「F^1x」搶去了。「(∃y)」之範圍就是「$(H^1y \vee G^2xy)$」，而不是「H^1y」，因為中間隔著一個「(」，而「H^1y」根本不是一個句式，再過去一點的「$(H^1y \vee$」也不是句式，只有「$(H^1y \vee G^2xy)$」才是緊跟著「(∃y)」之最小單位的句式。同樣的道理，緊跟著「(z)」的最小單位之句式就是去掉「(z)」的 L 了。

2. 變元之自由與拘限：

一個式子中的一個變元 α，如果在 $(\exists\alpha)$ 或 (α) 量符範圍內，那麼它就是受拘限的 (bound)；否則的話（即不在任何 $(\exists\alpha)$ 或 (α) 範圍中），它就是自由的。（在 L 式中，第一個變元「x」就是受拘限的，但第二個變元「x」就是自由的。）讀者也該注意到，已受拘限的變元，即便是在較大的句式中而該式有不同於這個變元的量符，它仍然是受拘限的。相對於「(z)」，第一個變元「x」依舊是受拘限的。如果在 L 式的最外邊加上一個「$(\exists x)$」或「(x)」，則 L 式就成了：

L'　　$(\exists x)\,(z)\,((x)\,F^1x \vee (\exists y)\,(H^1y \vee G^2xy))$

現在在 L' 式，沒有任何變元是自由的了。

變元的自由與不自由，對於下章的推論十分重要。正式的規定文字可能讓讀者無法一下子吸收，但其實觀念很好懂，在具體的實況裡，很少會鬧不清的。我們在正式界定這些觀念之前，先介紹了一個例子，就是訴諸於讀者直接的了解。希望讀者不必因為這些定義的抽象性而心生恐慌。

§5　較複雜的翻譯實例

仔細閱讀下列實例，可以有助於你的符號轉譯能力。

1. 自然數中沒有最大的數。
（字典：$N^1 =$ 是自然數；$L^2 =$ ○○○比×××大。）
（我們不能用同一個代名詞代表不同的東西，這是翻譯二位或二位以上述詞最需注意的要點。）

$$(x)\,(N^1x \to (\exists y)\,(N^1y \wedge L^2yx))$$

（任何一個自然數都可以找到一個自然數比它大。）

2. 自然數中有一個自然數比其他任何自然數都要小。

（你當然知道，我們有這樣的最小的自然數，那就是 1。——也許有人認為 0 也該算是自然數，如果根據這類人的定義，那麼 0 就是最小的自然數。這些都不是此處的要點。）

（字典：N^1 = 是自然數；I^2 = ○○○跟×××完全相等——因為要譯出「其他的」，我們需要這樣一個述詞；S^2 = ○○○比×××小。）

　　全句意思是：至少有一個自然數，它的情況是它小於任何不同於它的自然數。全句可譯成：

$$(\exists x)(N^1x \land (y)(N^1y \land -I^2yx \to S^2xy))$$

這裡的「$N^1y \land -I^1yx$」就是要表明「y」是跟「x」不相等的自然數。

3. 比零更小的整數是負數。

（a = 零；I^1 = 是整數；N^1 = 是負數。）（「更小的」見上）

注意：此句是敘述一般情形，是 A- 型句。

$$(x)(I^1x \land S^2xa \to N^1x)$$

4. 每個人都有父親。（此處所言乃指生物學上的意義。）

（H^1 = 是人；F^2 = ○○○是×××的父親。）

$$(x)(H^1x \to (\exists y)(H^1y \land F^2yx))$$

有些讀者會好奇地問：不知符號句是否可以表達「只有一個」的意思？答案是肯定的。我們可把「每個人只有一個父親」符號化成：

$$(x)(H^1x \to (\exists y)(H^1y \land F^2yx) \land (z)(y)(H^1z \land H^1y \land F^2zx \land F^2yx \to I^2zy))$$

這裡面的「I^2」用來表示「〇〇〇跟×××完全相同」的意思。

5. 不是每個人都當父親。

注意：先把「每個人都當父親」譯出，再加以否定。

$$-(x) (H^1x \rightarrow (\exists y) (H^1y \wedge F^2xy))$$

也可以了解成：有些人不是任何人的父親。

$$(\exists x) (H^1x \wedge (y) (H^1y \rightarrow -F^2xy))$$

兩者意思相等。在下一章可證明其為等值式。

6. 所有的老師都尊敬所有的學生。

(T^1 ＝ 是老師；S^1 ＝ 是學生；R^2 ＝ 〇〇〇尊敬×××。)

$$(x) (T^1x \rightarrow (y) (S^1y \rightarrow R^2xy))$$

7. 所有的老師都彼此互相尊敬。

$$(x) (y) (T^1x \wedge T^1y \rightarrow R^2xy \wedge R^2yx)$$

或者

$$(x) (T^1x \rightarrow (y) (T^1y \rightarrow R^2xy \wedge R^2yx))$$

8. 有些老師只尊敬學生。

$$(\exists x) (T^1x \wedge (y) (R^2xy \rightarrow S^1y))$$

這些老師，他們如要尊敬誰，那麼被尊敬的只有學生。

9. 尊敬自己的學生也尊敬所有的老師。

$$(x) (S^1x \wedge R^2xx \rightarrow (y) (T^1y \rightarrow R^2xy))$$

10. 沒有老師尊敬不尊敬自己的學生。

注意：遇到「沒有……」的情形，先譯成「有……」，然後再加以否定之。

$$-(\exists x) (T^1x \wedge (\exists y) (S^1y \wedge -R^2yy \wedge R^2xy))$$

或順著意思譯成：老師都不尊敬不尊敬自己的學生，那麼其符號化為：

$$(x) (T^1x \rightarrow (y) (S^1y \wedge -R^2yy \rightarrow -R^2xy))$$

11. 有些老師尊敬所有的老師而且被一些學生所尊敬。

$$(\exists x) (T^1x \wedge (y) (T^1y \rightarrow R^2xy) \wedge (\exists z) (S^1z \wedge R^2zx))$$

12. 如果老師不尊敬學生，那麼學生也不尊敬任何老師。注意：這是一個條件句，我們只要把前件、後件部份譯好，再以「→」連接起來即可。

$$(x) (T^1x \rightarrow (y) (S^1y \rightarrow -R^2xy)) \rightarrow (x) (S^1x \rightarrow (y) (T^1y \rightarrow -R^2xy))$$

13. 如果老師不尊敬自己，學生也不尊敬他們。

注意：**這不是一個條件句，儘管它表面上是一個條件句。**如果把它處理成條件句，則後件的「他們」就不知何所指。易言之，全句就不知如何處理了。此句的意思是：不尊敬自己的老師不會受到學生的尊敬。因此，全句可符號化為：

$$(x) (T^1x \wedge -R^2xx \rightarrow (y) (S^1y \rightarrow -R^2yx))$$

下面的一些語句，都與 **13** 類似，讀者宜加注意：

　　(i) 如果二年級的學生都受到張小毛的尊敬，那麼王玉華也會尊敬他

們。（問：他們指誰?）

(ii) 如果每個人都有良好的洗手習慣，那麼他就不容易感染細菌了。
　　（問：他是誰?）

(iii) 如果任何人可以點鐵成金，那麼誰都會崇拜他。（問：他是誰?）

(iv) 如果有人想一次購買四張票，那麼他是難以如願的。（問：他是誰?
　　──這裡的「有人」其實是「任何人」的意思。整個句子要以 A- 型
　　句來處理。）

14. 祖父就是父親的父親。

(G^2 = ○○○是×××的祖父；F^2 = ○○○是×××的父親。)

$$(x)\,(y)\,(G^2xy \rightarrow (z)\,(F^2zy \rightarrow F^2xz))$$

15. 兄弟姊妹就是說他們有相同的父親或相同的母親。

(B^2 = ○○○是×××的兄或弟，S^2 = ○○○是×××的姊或妹；M^2 = ○
○○是×××的母親)

$$(x)\,(y)\,(B^2xy \vee S^2xy \rightarrow (\exists z)\,(F^2zx \wedge F^2zy \vee (\exists u)\,(M^2ux \wedge M^2uy))$$

練　習　題

試將下列各句譯成符號句式——

1. 朋友的朋友不一定是朋友。($F^2 = $ ○○○是×××的朋友。)

2. 張三的朋友也都是李四的朋友。($a = $ 張三；$b = $ 李四；「F^2」與上題同。)

3. 李四的朋友也都認識張三和張三的朋友。($K^2 = $ ○○○認識×××；其他符號同上題。)

4. 每個人都有母親，但不是人人都是母親。($H^1 = $ 是人；$M^2 = $ ○○○是×××的母親。)

5. 如果一間大樓座落在其他兩棟大樓之間，那麼一定有一間大樓在它的左邊而另一間則在它的右邊。($B^1 = $ 是大樓；$L^3 = $ ○○○座落在×××和……之間；$Y^2 = $ ○○○在×××的右邊；$Z^2 = $ ○○○在×××的左邊。)

6. 試用所附縮寫將下列各句譯成符號句式。(字典：$K^2 = $ ○○○認識×××；$T^1 = $ 是 C 校的老師〔下面的語句中只會出現「老師」一詞〕；$S^1 = $ 是 C 校的學生〔下面的語句中只會出現「學生」一詞〕。)

   a) 老師認識全部的老師。

   b) 只有老師認識老師。

   c) 有些老師認識全部的老師。

   d) 沒有學生認識所有的老師。

   e) 有些老師被全部的學生所認識。

   f) 沒有老師認識所有的老師以及所有的學生。

   g) 王校長認識的老師都是教數學的。($a = $ 王校長；$M^1 = $ 教數學的。)

h) 有些學生只認識教數學的老師。(縮寫參見 g)

i) 有些教數學的老師並不認識王校長。(參見 g)

j) 不認識任何老師的學生一個也沒有。

k) 學生當中，認識王校長而且也為王校長認識的一個也沒有。

7. 如果人人都不遵守法律，那麼受害的就是每一個人。(H^1 = 是人；O^1 = 遵守法律；D^1 = 受害。──這是條件句。)

8. 如果有人不遵守法律，那麼他就該受應有的處罰。(縮寫符號部份同上；P^1 = 應該受應有的處罰。──這不是條件句。)

9. 如果學生不參加期末考，那麼他就很難及格。(S^1 = 是學生；P^1 = 參加期末考；G^1 = 很難及格。──這不是條件句。)

10. 每個公民都有身份證，只有要出國時才需要申請護照。(C^1 = 是公民；I^1 = 有身份證；A^1 = 有出國之打算；P^1 = 需要申請護照。)

第五章 關於「(x)」與「(∃x)」的推論規則

在上一章我們花了不少的篇幅介紹新遊戲的符號系統，以及如何用這個符號系統處理一般的日常語言中的語句。在這一章我們要介紹有關這些符號的推論規則。等到這些規則介紹明白之後，我們就可以應用到日常推理上去。這整個新遊戲，邏輯家有一個稱呼，叫做述詞邏輯 (predicate logic) 或量限邏輯 (the quantification theory)，而在第一、二、三章所介紹的邏輯則叫做語句邏輯 (sentential logic)。述詞邏輯是語句邏輯的擴充，事實上，述詞邏輯必須涵蓋語句邏輯。這一點在上一章的造句原則中，我們就把語句邏輯中的合法句式全部收容進去了。

談到述詞邏輯的規則，首先我們要指出：語句邏輯全部的規則仍然適用於述詞邏輯的合法句式。比如說，MPP 固然可以讓我們作下面的推論：

$$(A \to B) \to C, (A \to B) \quad \vdash \quad C$$

但如今擴充運用的情形也讓我們做下面的推論：

$$(F^1c \to G^2ab) \to (B^3sta \land H), (F^1c \to G^2ab) \quad \vdash \quad (B^3sta \land H)$$

把第一、二、三章的規則推廣地應用到述詞中來是極其容易的事情。

但是，述詞邏輯也有一些它特別的規則。本章即對這些特別規則做介紹。

§1　US- 規則

(the rule of universal specification，全稱特殊化規則)

讓我們來看下面一個例子。如果給定一個前提如：

(1) 任何東西都有質量，(可譯為：$(x) M^1x$)

那麼我們可以推出底下的結論：

(2) 放在桌上的這支錶有質量。(可譯作：M^1a)

這一推論背後的原理很容易了解：對一切東西可以成立的情形，也照樣在某個特殊的個別事物上可以成立。只要給我們一個全稱的合法句式(A- 型似的或 E- 型似的句式) 如「$(x) (F^1x \wedge G^1x \rightarrow H^2xa)$」，我們就可以定下推論規則如下：

$(x) (F^1x \wedge G^1x \rightarrow H^2xa)$　$\vdash F^1a \wedge G^1a \rightarrow H^2aa$

（前提中的一般說法應用到 a 上）

（前提同上）　　　　　　　$\vdash F^1b \wedge G^1b \rightarrow H^2ba$

（前提同上）　　　　　　　$\vdash F^1c \wedge G^1c \rightarrow H^2ca$

$\vdots$　　　　　　　　$\vdots$　　　　　　$\vdots$

但我們這樣書寫實在太麻煩了；而且由於可成為全稱式（即整個句式最外邊有一個 (α)——全稱量符而其範圍是整個式子的句式）的合法句式可以說**無限地多**，那豈不是我們永遠沒有辦法把規則寫得完整嗎？這提醒我們：這一次是不是也要用到希臘字母(像以往談句式的情形那樣)?是的，

邏輯家循此想出一個很好的書寫方式。首先，讓我們有下列特殊的書寫表達方式——

「$\Phi \alpha / \beta$」表示一個合法句式 Φ 裡其中全部的自由變元 α 都被常元 β ——加以取代之結果。

（這種合運作與運作之結果為一式的表達方式，我們可能不習慣，但要設法克服自己思考上的困難。）下面一些例子幫助讀者理解這個表達方式：

(i) $[F^1x \vee (G^1x \wedge H^2ax)] \, x \, / \, c = F^1c \vee (G^1c \wedge H^1ac)$

(ii) $[-F^1x \rightarrow (G^1y \wedge H^2ax) \vee I^1z] \, x \, / \, a = -F^1a \rightarrow (G^1y \wedge H^2aa) \vee I^1z$

(iii) $[(F^1z \wedge G^1x) \vee H^1y \rightarrow (\exists x) G^1x] \, x \, / \, b = (F^1z \wedge G^1b) \vee H^1y \rightarrow$
$\qquad (\exists x) G^1x$

　　（原式 $(\exists x) G^1x$ 因為其中「x」已受拘限，所以取代後依舊不變。）

(iv) $(A \vee B \rightarrow C) \, x \, / \, a = A \vee B \rightarrow C$

　　（原式根本沒有自由變元，所以取代後之結果依然如故。）

(v) $[(A \vee B^1y) \wedge C^2yz \rightarrow (\exists x) (G^1x \wedge H^2xy) \wedge W] \, x \, / \, b =$
$\qquad [(A \vee B^1y) \wedge C^2yz \rightarrow (\exists x) (G^1x \wedge H^2xy) \wedge W]$

　　（原式根本沒有自由變元「x」，所以取代後依然如故。）

有了這個表達方式後，我們可以簡單地把規則寫出來了。

US- 規則： 假設 Φ 為合法句式，α 為變元，β 為常元，那麼：

$$(\alpha) \Phi \quad \vdash \quad \Phi \alpha / \beta$$

圖示
$$\frac{(\alpha) \Phi}{\vdash \Phi \alpha / \beta}$$

遊戲實例（應用 US- 規則，當情況許可時。）

1. $(x) (F^1x \rightarrow G^1x), -G^1b \quad \vdash \quad -F^1b$

$\qquad \{1\} \quad 1. (x) (F^1x \rightarrow G^1x) \qquad\qquad p$

$\qquad \{2\} \quad 2. -G^1b \qquad\qquad\qquad\qquad\quad p$

$\{1\}$ 3. $F^1b \to G^1b$ 1, US ($= [F^1x \to G^1x]$ x / b)

$\{1, 2\}$ 4. $-F^1b$ 2, 3 MTT

2. $(x)(F^1x \to G^1x), (x)(H^1x \to -G^1x)$ $\vdash$ $F^1c \to -H^1c$

  （結論是條件句，可用條件證法）

$\{1\}$ 1. $(x)(F^1x \to G^1x)$ p

$\{2\}$ 2. $(x)(H^1x \to -G^1x)$ p

$\{3\}$ 3. F^1c p[*]

$\{1\}$ 4. $F^1c \to G^1c$ 1, US ($= [F^1x \to G^1x]$ x / c)

$\{1, 3\}$ 5. G^1c 3, 5 MPP

$\{2\}$ 6. $H^1c \to -G^1c$ 2, US ($= [H^1x \to -G^1x]$ x / c)

$\{2\}$ 7. $--G^1c \to -H^1c$ 6, Contra（異質位換）

$\{1, 3\}$ 8. $--G^1c$ 5, DN

$\{1, 2, 3\}$ 9. $-H^1c$ 7, 8 MPP

$\{1, 2\}$ 10. $F^1c \to -H^1c$ 3, 9 CP

3. $(x)(y)(F^1x \wedge F^1y \to G^2xy), F^1a, F^1b$ $\vdash$ $G^2ab \wedge G^2ba$

$\{1\}$ 1. $(x)(y)(F^1x \wedge F^1y \to G^2xy)$ p

$\{2\}$ 2. F^1a p

$\{3\}$ 3. F^1b p

$\{2, 3\}$ 4. $F^1a \wedge F^1b$ 2, 3 Adj

$\{2, 3\}$ 5. $F^1b \wedge F^1a$ 3, 2 Adj

$\{1\}$ 6. $(y)(F^1a \wedge F^1y \to G^2ay)$ 1, US [x / a]

$\{1\}$ 7. $F^1a \wedge F^1b \to G^2ab$ 6, US [y / b]

$\{1\}$ 8. $(y)(F^1b \wedge F^1y \to G^2by)$ 1, US [x / b]

$\{1\}$ 9. $F^1b \wedge F^1a \to G^2ba$ 8, US [y / a]

$\{1, 2, 3\}$ 10. G^2ab 4, 7 MPP

$\{1, 2, 3\}$ 11. G^2ba 5, 9 MPP

$\{1, 2, 3\}$ 12. $G^2ab \wedge G^2ba$　　　　　　　10, 11 Adj

應用到日常推理上（符號化翻譯之後再作推論）：

1. 張小毛期末考試成績只有七十分，而他的操行成績也只列乙等。凡是獲得本校校長獎學金者其學業成績必須八十五分以上或操行成績為甲等。學業成績在八十五分以上者其期末考試成績至少有七十五分以上。因此，張小毛不是（或並非）本校校長獎學金的獲得者。（字典（注意我們得忽略一些細節）：F^1 = 是本校校長獎學金的獲得者；G^1 = 學業成績在八十五分以上者；H^1 = 期末考考試成績至少有七十五分以上者；I^1 = 操行成績列為甲等者；a = 張小毛。）整體推論是：

$-H^1a \wedge -I^1a, (x) (F^1x \rightarrow G^1x \vee I^1x), (x) (G^1x \rightarrow H^1x)$　　$\vdash$　$-F^1a$

$\{1\}$	1. $-H^1a \wedge -I^1a$	p
$\{2\}$	2. $(x) (F^1x \rightarrow G^1x \vee I^1x)$	p
$\{3\}$	3. $(x) (G^1x \rightarrow H^1x)$	p
$\{2\}$	4. $F^1a \rightarrow G^1a \vee I^1a$	2, US [x / a]
$\{3\}$	5. $G^1a \rightarrow H^1a$	3, US [x / a]
$\{1\}$	6. $-H^1a$	1, Simp
$\{1\}$	7. $-I^1a$	1, Simp
$\{1, 3\}$	8. $-G^1a$	5, 6 MTT
$\{1, 3\}$	9. $-G^1a \wedge -I^1a$	7, 8 Adj
$\{1, 3\}$	10. $-(G^1a \vee I^1a)$	9, DeM
$\{1, 2, 3\}$	11. $-F^1a$	4, 10 MTT

2. 每個一年級的學生都有一、兩個二年級的學生是他的朋友（「一兩個」、「幾個」、「有些」、「至少一個」這些語詞就我們所學之邏輯而言，全部指：至少有一個，即如「(∃ x)」所指的量，這有簡單化之嫌，但比較統一。）每個非一年級學生都至少有一個三年級的學生是他的朋友。張三沒

有二年級的學生是他的朋友。所以，張三有些三年級的學生是他的朋友。

（F^1 ＝是一年級的學生；S^1 ＝是二年級的學生；J^1 ＝是三年級的學生；

P^2 ＝○○○是×××的朋友；a ＝張三）整個推論是：

(x) ($F^1x \rightarrow$ ($\exists$ y) ($S^1y \wedge P^2yx$)); (x) ($-F^1x \rightarrow$ ($\exists$ y) ($J^1y \wedge P^2yx$));

$-$($\exists$ y) ($S^1y \wedge P^2ya$) $\vdash$ ($\exists$ y) ($J^1y \wedge P^2ya$)

{1}	1. (x) ($F^1x \rightarrow$ ($\exists$ y) ($S^1y \wedge P^2yx$))	p
{2}	2. (x) ($-F^1x \rightarrow$ ($\exists$ y) ($J^1y \wedge P^2yx$))	p
{3}	3. $-$($\exists$ y) ($S^1y \wedge P^2ya$)	p
{1}	4. $F^1a \rightarrow$ ($\exists$ y) ($S^1y \wedge P^2ya$)	1, US [x / a]
{1, 3}	5. $-F^1a$	3, 5 MTT
{2}	6. $-F^1a \rightarrow$ ($\exists$ y) ($J^1y \wedge -P^2ya$)	2, US [x / a]
{1, 2, 3}	7. ($\exists$ y) ($J^1y \wedge P^2ya$)	5, 6 MPP

注意：在翻譯「張三沒有二年級的學生是他的朋友」時我們刻意避免其他可能的翻譯（如：「(x) ($S^1x \rightarrow -P^2xa$)」就是一個完全正確的翻譯）。為什麼要這樣呢？因為我們還未把所有有關量符的規則學完，如果我們採取別的譯法，那就根本不能完成上述的證明。一旦用了現在的譯法，則一切都顯得十分直截了當。

練 習 題

【US- 規則之應用】

1. $(x) (F^1x \to G^1x), (x) (G^1x \to H^1x), -H^1a \quad \vdash \quad -G^1a \land -F^1a$

2. $(x) (F^1x \to G^1b), (x) (y) (F^1x \land G^1y \to F^2yx), F^1a \quad \vdash \quad G^1b \land F^2ba$

3. $(x) (y) (F^1x \land G^1y \to K^2xy), (x) (y) (K^2xy \to I^1x \land I^1y \land F^2xy),$
   $G^1b, F^1a, F^1b, G^1a \quad \vdash \quad F^2ab \land F^2ba$

4. $(x) (F^1x \to L^1x), (x) (L^1x \to -G^1x), (x) (G^1x \to S^1x), G^1a$
   $\vdash \quad -F^1a \land S^1a$

5. 年滿二十歲而未犯法者都有選舉投票權。張三沒有投票權；據知，張三並未犯過法。任何未滿二十歲者但又很接近二十歲者在投票日一定很不好受。張三很接近二十歲。因此，張三在投票日很不好受。（字典：T^1 = 是年滿二十歲者；C^1 = 是犯法者；V^1 = 有投票權。N^1 = 是很接近二十歲者；D^1 = 在投票日心情很不好受；a = 張三。）

6. 張三這個人是二年級學生。李四這個人是三年級學生。二年級學生和三年級學生彼此互相認識。任何兩個彼此互相認識的人卻互相不打招呼，大家會感到很納悶。張三跟李四彼此互相不打招呼。因此，大家會感到很納悶。（a = 張三；b = 李四；H^1 = 是人；S^1 = 是二年級學生；J^1 = 是三年級學生；K^2 = ○○○認識×××。A^2 = ○○○向×××打招呼；G^1 = 大家會感到很納悶。注意：第四句不是單純的條件句，如何翻譯請參考上一章末了的幾個實例。）

§2　UG- 規則
(universal generalization，全稱一般化規則)

回想一下，你在中學時代證明幾何學的定理的情況。比如說，你在做下列的證明：**任何三角形的內角和等於** 180°。你在紙上或黑板上隨意地畫了**一個三角形**，然後根據你所知道的其他已證明過的定理（加上定義），加上你設定補助線等等技巧，一步步地你可以證明**那個三角形**必須具備 180°的特點。你做完了一個證明，證明出**那個三角形**是 180° 的。但是，你卻宣稱：**任何三角形的內角和等於** 180°。為什麼你可以如此自信地說任何三角形都得到了證明呢？你不是只畫了一個三角形、只做了一個對於該三角形的證明而已嗎？答案在於：從某個角度來看，你的三角形不具備任何特殊性。你的證明並不預設它一定是銳角的、鈍角的、等角的、等腰的、或者是直角的，你也不預設它有多大的面積、有多長的周長，你只假定它是**一個三角形**。易言之，除了三角形之外，**你的三角形不具備任何其他的特殊性**。因此，你可以推廣到一切三角形上去。

明白了上面的道理，就很容易了解我們要介紹的 UG- 規則。如果我們以「a」翻譯「孫中山先生」而以「G^1」翻譯「是偉大的」，那麼我們並不能由「孫中山先生是偉大的」推論出「一切東西是偉大的」；即下面的推論

$$\frac{G^1a}{\vdash (x)\,G^1x}$$

是一個錯誤的推論。但假如「a」代表的是一個沒有特殊性的東西，那它就有點像你的三角形一樣是一個**沒有個性的常元**，可以代表一切東西；在那種情況下，你就可以把它推廣到一切常元上去。你可以因此完成了一個「一

切東西都……」的證明。

然則，什麼叫**沒有個性的常元**呢？到哪裡去找呢？如果你只是用想的辦法去解決，那麼根本解決不了。讓我們實際地做一下推論，很快地你就可以認識到沒有個性的常元了。證明：

(x) (F¹x → G¹x), (x) (G¹x → H¹x)   ⊢ (x) (F¹x → H¹x)

{1}	1. (x) (F¹x → G¹x)	p
{2}	2. (x) (G¹x → H¹x)	p
{1}	3. F¹b → G¹b	1, US
{2}	4. G¹b → H¹b	2, US
{1, 2}	5. F¹b → H¹b	3, 4 HS 我們在此推廣 b, 因為 b 是一個沒有個性的常元。
{1, 2}	6. (x) (F¹x → H¹x)	5, **推廣原則**

在這個推論中，為什麼可由 5 推到 6 呢？因為「b」是一個沒有個性的常元。怎麼知道它是**沒有個性**的呢？因為事實上，3，4，5 行中的「b」都可以用「a」、「c」、「d」……任何一個常元來替換。如此一來，豈非任何東西都具備 b 所具備的特點？所以，「F¹b → H¹b」事實上不止於講述 b 之特點，乃是**一切東西**之特點（如果給定 1 和 2 的話）。在此情況下，我們可以推廣至一切物，因此，有 6 的結論。

有了上面的實例，對我們書寫推論規則就有了助益。基本上，我們只是推廣沒有個性的常元。我們對規則作一些限制條件，來突顯沒有個性的常元。

UG- 規則： 如果 Φ 是合法句式，α 為變元，β 為常元，我們可以由 $\Phi\alpha/\beta$ 推出 $(\alpha) \Phi$ 的限制條件為：β 沒有在 $\Phi\alpha/\beta$ 所需之前提出現過，而且 β 也不在 $(\alpha) \Phi$ 出現。（這兩項條件保證了 β 只是一個例子，它完全可被其他的 $\beta_1, \beta_2, \beta_3$ ……取代，所以 β 是一個沒有個性之常元、可推廣到其他常元上。）

應用實例 (UG- 規則之應用)

1. $(x)(F^1x \rightarrow G^1x \wedge H^1x), (x)(F^1x \rightarrow G^1x) \rightarrow (x)(H^1x \rightarrow I^1x)$

⊢ $(x)(F^1x \rightarrow I^1x)$

{1}	1. $(x)(F^1x \rightarrow G^1x \wedge H^1x)$	p
{2}	2. $(x)(F^1x \rightarrow G^1x) \rightarrow (x)(H^1x \rightarrow I^1x)$	p
{3}	3. F^1a	p*
{1}	4. $F^1a \rightarrow G^1a \wedge H^1a$	1, US
{1, 3}	5. $G^1a \wedge H^1a$	3, 4 MPP
{1, 3}	6. G^1a	5, Simp
{1}	7. $F^1a \rightarrow G^1a$	3, 6 CP
{1}	8. $(x)(F^1x \rightarrow G^1x)$	7, UG (因為「a」不在 1 出現，也不在 8 出現)
{2}	9. $(x)(H^1x \rightarrow I^1x)$	2, 8 MPP
{2}	10. $H^1a \rightarrow I^1a$	9, US
{1, 3}	11. H^1a	5, Simp
{1, 2, 3}	12. I^1a	10, 11 MPP
{1, 2}	13. $F^1a \rightarrow I^1a$	3, 12 CP
{1, 2}	14. $(x)(F^1x \rightarrow I^1x)$	13, UG (「a」不出現在 1, 2, 14 中)

2. $(x)(y)(F^1x \wedge F^1y \rightarrow R^2xy)$ ⊢ $(x)(F^1x \rightarrow R^2xx)$

{1}	1. $(x)(y)(F^1x \wedge F^1y \rightarrow R^2xy)$	p
{2}	2. F^1a	p*
{2}	3. $F^1a \wedge F^1a$	2, Idem
{1}	4. $(y)(F^1a \wedge F^1y \rightarrow R^2ay)$	1, US [x / a]
{1}	5. $F^1a \wedge F^1a \rightarrow R^2aa$	4, US [y / a]

$\{1, 2\}$　6. R^2aa　　　　　　　　　　　　　　3, 5 MPP

　$\{1\}$　7. $F^1a \to R^2aa$　　　　　　　　　　　2, 6 CP（「a」不再特殊了）

　$\{1\}$　8. $(x) (F^1x \to R^2xx)$　　　　　　　7, UG

3. $(x) (y) (z) (L^2xy \wedge L^2yz \to L^2xz)$, $(x) (y) (L^2xy \to L^2yx)$

　$\vdash (x) (-L^2xx \to (y) -L^2xy)$

（此例在數學書上是很有名的證明：任何關係詞只要具備傳遞性、對稱性，那麼某物如果跟它自己沒有那種關係〔即反身性〕則它跟所有的東西都沒有那種關係。此例亦出現在林正弘的《邏輯》（頁 254）中。我們藉此較複雜的例子來講解推論的技巧，富教育意義。）首先我們來看結論。如果我們要有那樣的結論，那麼那一定是**推廣**類似下面的句式而來的：

$$-L^2cc \to (y) - L^2cy$$

它是條件句，我們可以用條件證法。所以，我們先假定「$-L^2cc$」，再求「$(y) -L^2cy$」。為求得「$(y) -L^2cy$」，我們又可以想：它大概可經由下面一式推廣而來的：

$$-L^2cd$$

所以我們的目標就要求這個「$-L^2cd$」。也不知是否可以得到，**我們就假定得不到**，然後希望利用間接證法證明我們的想法是錯的。所以，整個證明的步驟就是：先假定「$-L^2cc$」、再假定「L^2cd」，然後進行間接證明以便得到「$-L^2cd$」。希望「d」是沒有個性的常元，我們就可以推廣得到「$(y) -L^2cy$」；再利用 CP 得到「$-L^2cc \to (y) -L^2cy$」，由於「c」已不在前提之中，所以可以推廣而得到我們的結論。

　$\{1\}$　1. $(x) (y) (z) (L^2xy \wedge L^2yz \to L^2xz)$　p

　$\{2\}$　2. $(x) (y) (L^2xy \to L^2yx)$　　　　　　p

{3}	3. $-L^2cc$	p^*
{4}	4. L^2cd	p^*
{2}	5. $(y) (L^2cy \to L^2yc)$	2, US [x / c]
{2}	6. $L^2cd \to L^2dc$	5, US [y / d]
{2, 4}	7. L^2dc	4, 6 MPP
{2, 4}	8. $L^2cd \wedge L^2dc$	4, 7 Adj
{1}	9. $(y) (z) (L^2cy \wedge L^2yz \to L^2cz)$	1, US [x / c]
{1}	10. $(z) (L^2cd \wedge L^2dz \to L^2cz)$	9, US [y / d]
{1}	11. $L^2cd \wedge L^2dc \to L^2cc$	10, US [z / c]
{1, 2, 4}	12. L^2cc	8, 11 MPP
{1, 2, 3, 4}	13. $L^2cc \wedge -L^2cc$	3, 12 Adj
{1, 2, 3}	14. $-L^2cd$	4, 13 RAA (「d」已不在前提中，推廣之)
{1, 2, 3}	15. $(y) -L^2cy$	14, UG
{1, 2}	16. $-L^2cc \to (y) -L^2cy$	3, 15 CP (「c」已不在前提中)
{1, 2}	17. $(x) (-L^2xx \to (y) -L^2xy)$	16, UG

應用到日常推理上（我們僅舉兩例，翻譯的部份已做好，證明部份由讀者自證之。）

1. 魚是卵生的，鯨魚是胎生的。凡卵生的就不會是胎生的。因此，鯨魚不是魚。（F^1 = 是魚；E^1 = 是卵生的；W^1 = 是鯨魚；M^1 = 是胎生的。）整個推論形式：

$$(x) (F^1x \to E^1x), (x) (W^1x \to M^1x), (x) (E^1x \to -M^1x)$$
$$\vdash (x) (W^1x \to -F^1x)$$

2. 一年級的學生認識全部的二年級學生。只有會游泳的才是二年級的學

生。張三是二年級學生。李四是一年級學生。因此，張三會游泳，李四認識張三，張三被全部一年級的學生所認識。(F^1 = 是一年級學生；S^1 = 是二年級學生；Y^1 = 會游泳；K^2 = ○○○認識×××；a = 張三；b = 李四。)

$$(x) (F^1x \rightarrow (y) (S^1y \rightarrow K^2xy)), (y) (S^1y \rightarrow Y^1y), S^1a, F^1b$$
$$\vdash Y^1a, K^2ba, (x) (F^1x \rightarrow K^2xa)$$

練 習 題

【使用 UG- 規則】

1. $(x)\,(y)\,F^2xy \Leftrightarrow (y)\,(x)\,F^2yx$

2. $(x)\,(F^1x \wedge G^1x) \Leftrightarrow (x)\,F^1x \wedge (x)\,G^1x$

3. $(x)\,(F^1x \vee P \rightarrow G^1x),\ (x)\,(G^1x \vee (\exists y)\,H^2xy \rightarrow I^1x)\quad \vdash\ (x)\,(F^1x \rightarrow I^1x)$

4. $(x)\,(D^2ax \rightarrow E^1x),\ (x)\,(E^1x \rightarrow -O^1x)\quad \vdash\ (x)\,(O^1x \rightarrow -D^2ax)$

5. $(x)\,(F^1x \vee -G^1x),\ (x)\,(G^1x \rightarrow F^1x) \rightarrow (x)\,(H^1x \rightarrow (y)\,-A^1y)\quad \vdash\ (x)\,(H^1x \rightarrow -A^1x)$

6. 認識張三的也被張三所認識。二年級的學生都認識張三。因此，張三認識所有二年級的學生。

   （a = 張三； K^2 = ○○○認識×××； S^1 = 是二年級的學生。）

7. 龍是會飛的動物。會飛的動物都有翅膀。龍沒有翅膀。因此，任何東西都不是龍。（D^1 = 是龍； F^1 = 會飛； A^1 = 是動物； P^1 = 有翅膀。）

8. 所有的馬都是動物。因此，所有的馬頭都是動物的頭。（這是很有意思的「名題」。傳統邏輯無法處理。H^1 = 是馬； A^1 = 是動物； G^2 = ○○○是×××的頭。）

§3　EG- 規則

(existential generalization，存在一般化規則)

你如果知道張三喜歡吃榴槤，那麼你可以很自信地說世界上至少有東西（雖然把人說成東西有點不敬）喜歡吃榴槤；馬丁・路德・金恩是美國的黑人而且是一個偉大的人物，根據這個事實，我們可以**一般地**說世界上至少有一個偉大的美國黑人；你知道 2 是偶數，你就可以說至少有一個偶數。所以，從特殊的事例，做一種**存在性地推廣**是一件多麼容易而自然的事情。

我們馬上把規則寫下來吧!

EG- 規則: 假設 Φ 是合法句式，α 為變元，β 為常元，那麼我們可由 $\Phi\alpha/\beta$ 推出 $(\exists\alpha)\Phi$。（例如: $F^2ab \wedge K^2ba \quad \vdash \quad (\exists x)(F^2xb \wedge K^2bx)$）

應用實例（EG- 規則之使用）

1. $(x)(F^1x \to G^1x), F^1a \quad \vdash \quad (\exists y)G^1y$

$\{1\}$	1. $(x)(F^1x \to G^1x)$	p
$\{2\}$	2. F^1a	p
$\{1\}$	3. $F^1a \to G^1a$	1, US
$\{1,2\}$	4. G^1a	2, 3 MPP
$\{1,2\}$	5. $(\exists y)G^1y$	4, EG（將「a」一般化）

2. $(x)(y)(F^1x \wedge F^1y \to G^2xy), F^1a, F^1b \quad \vdash \quad (\exists x)(\exists y)G^2xy$

$\{1\}$	1. $(x)(y)(F^1x \wedge F^1y \to G^2xy)$	p
$\{2\}$	2. F^1a	p
$\{3\}$	3. F^1b	p
$\{2,3\}$	4. $F^1a \wedge F^1b$	2, 3 Adj

$$\{1\} \quad 5. (y) (F^1a \land F^1y \to G^2ay) \qquad 1, US$$

$$\{1\} \quad 6. F^1a \land F^1b \to G^2ab \qquad 5, US$$

$$\{1, 2, 3\} \quad 7. G^2ab \qquad 4, 6 MPP$$

$$\{1, 2, 3\} \quad 8. (\exists y) G^2ay \qquad 7, EG （把「b」一般化）$$

$$\{1, 2, 3\} \quad 9. (\exists x) (\exists y) G^2xy \qquad 8, EG （把「a」一般化）$$

3. 下面四個推論均為正確：

　　(i) $F^2aa \quad \vdash \quad (\exists x) F^2xx$

　　(ii) $F^2aa \quad \vdash \quad (\exists x) F^2ax$

　　(iii) $F^2aa \quad \vdash \quad (\exists x) F^2xa$

　　(iv) $F^2aa \quad \vdash \quad (\exists x) (\exists y) F^2xy$

注意： 要會看 $\Phi \alpha / \beta \quad \vdash \quad (\exists \alpha) \Phi$ 因為 $(F^2xx) x / a = F^2aa = (F^2ax) x / a = (F^2xa) x / a$，所以(i)到(iii)均正確。（此例分兩次 EG）

4. 張三這個人喜歡幫助人。任何喜歡幫助人的人都是善人。凡是善人都應該受到尊敬。因此，至少有些善人應該受到尊敬。(a = 張三；H^1 = 是人；L^1 = 喜歡幫助人；G^1 = 是善人；O^1 = 應該受到尊敬。)

　$H^1a \land L^1a, (x) (H^1x \land L^1x \to G^1x), (x) (G^1x \to O^1x) \quad \vdash \quad (\exists x) (G^1x \land O^1x)$

　　（證明留給讀者。）

5. 張三的朋友都不認識四年級的學生。李四是張三的朋友，但他認識王五。王五認識所有三年級的學生。因此，有些認識所有三年級學生的卻不是四年級學生。(a = 張三；b = 李四；C = 王五；S^1 = 是四年級學生；J^1 = 是三年級學生；F^2 = ○○○是×××的朋友；K^2 = ○○○認識×××。)

整個推論形式：

　　$(x) (F^2xa \to (y) (S^1y \to -K^2xy)), F^2ba \land K^2bc, (x) (J^1x \to K^2cx)$

　　$\vdash \quad (\exists x) [(y) (J^1y \to K^2xy) \land -S^1x]$

練　習　題

【應用 EG- 規則】

1. (x) (F¹x → (∃ y) K²yx), F¹a 　⊢ (∃ x) (∃ y) K²yx

2. (x) (F¹x → (y) (F¹y → L²xy ∨ I²xy ∨ L²yx)), F¹a ∧ F¹b, −I²ab

　　⊢ (∃ x) (∃ y) (L²xy ∨ L²yx)

　　（注意：此題需要用到選言結合律、交換律）

3. (x) (F¹x → G¹x), F¹a ∧ −G¹b 　⊢ (∃ x) (−F¹x ∧ −G¹x)

4. (i) (x) (F¹x → (y) −K²xy), F¹b 　⊢ (∃ x) (∃ y) −K²xy

　　(ii) 　　　（前提同上）　　　　　⊢ (∃ x) −K²xx

　　(iii) 　　　（前提同上）　　　　　⊢ (∃ x) −K²xa

5. 二年級的學生和一年級的學生都彼此互相認識。張三是二年級的學生，而李四是一年級的學生。因此，至少有一個二年級的學生跟一個一年級的學生彼此互相認識。(F¹ = 是一年級學生；S¹ = 是二年級學生；a = 張三；b = 李四；K² = ○○○認識×××。)

6. 臺北是一個城市，基隆也是一個城市。基隆在臺北的北邊。因此，至少有兩個城市，一個在另一個的北邊。(a = 臺北；b = 基隆；C¹ = 是一個城市；N² = ○○○在×××的北邊。)

§4　ES- 規則

(existential specification，存在特殊化規則)

設若我們有一個推論的前提是：凡是可以被 8 整除的數一定也可以被 4 整除；有些數是可以被 8 整除的。我想我們都會作結論說：有些數是可以被 4 整除的。此一推理之形式是：

$$(x)(N^1x \wedge D^2xa \rightarrow D^2xb), (\exists x)(N^1x \wedge D^2xa) \quad \vdash \quad (\exists x)(N^1x \wedge D^2xb)$$

（此處的縮寫：N^1 = 是數；D^2 = ○○○可被×××整除；a = 8；b = 4）我們要如何把結論從前提推論出來呢？讓我們試證一下。

{1}	1. $(x)(N^1x \wedge D^2xa \rightarrow D^2xb)$	p
{2}	2. $(\exists x)(N^1x \wedge D^2xa)$	p

接下去要如何推論呢？也許應該有個規則，讓我們說世界上某個數 c 具備可被 8 整除的特點。這樣的想法基本上是不錯的，但有一些問題。我們先就這樣寫下來吧！

{2}	3. $N^1c \wedge D^2ca$	2, 新規則？
{1}	4. $N^1c \wedge D^2ca \rightarrow D^2cb$	1, US
{1, 2}	5. D^2cb	3, 4 MPP
{2}	6. N^1c	3, Simp
{1, 2}	7. $N^1c \wedge D^2cb$	5, 6 Adj
{1, 2}	8. $(\exists x)(N^1x \wedge D^2xb)$	7, EG

這個推論中的 4–8 都沒問題，但 3 從 2 推出就有問題。我們斷不能因為有「$(\exists x)F^1x$」，就說可以有「F^1b」；就像我們不能說因為知道有些人喜歡吃辣椒，就斷定某個特定的人——張三喜歡吃辣椒，很可能張三是恨椒族的

成員也說不定；從**有些飲料有毒**的事實，我們也無法推論說**你手中那杯檸檬汁有毒**……。一種一般性的、泛指性的**存在句式**，我們根本無法**實指**某個特定的東西會有存在句式所描寫的特點。換言之，我們不可能有下面的簡單規則：

$$(\exists\alpha)\,\varPhi \quad \vdash \quad \varPhi\,\alpha\,/\,\beta$$

如果真有這樣的規則，我們豈不是多了一個 US- 規則的存在句式版？但是，有一點卻是不容爭議的：當我們的資訊告訴我們說：「至少有些東西如何如何」時，我們可以**推想**世界上至少有那麼一個東西具備了資訊中所描寫的特徵；否則，我們的資訊不可能成立。所以，上述的那個推論是不是可以依下列方式來進行：

{1}	1. $(x)\,(N^1x \wedge D^2xa \to D^2xb)$	p
{2}	2. $(\exists x)\,(N^1x \wedge D^2xa)$	p
{3}	3. $N^1c \wedge D^2ca$	p* （是一個假設）
{1}	4. $N^1c \wedge D^2ca \to D^2cb$	1, US
{1, 3}	5. D^2cb	3, 4 MPP
{3}	6. N^1c	3, Simp
{1, 3}	7. $N^1c \wedge D^2cb$	5, 6 Adj
{1, 3}	8. $(\exists x)\,(N^1x \wedge D^2xb)$	7, EG

注意：我們得到 8 是因為 1 和 3 之故。第 3 行是原來前提中沒有的，但 3 是我們**假想**的具體情況——我們會這樣想並非毫無根據，因為 2 就告訴我們至少會有那種情況。所以，下一步就以原來的依據——2 來代換 3 而完成我們的推論。換言之，3 只是舉例以明 2——去表明 2 可能有的具體狀況。下一步我們就照這裡的想法來書寫：

{1, 2}	9. $(\exists x)\,(N^1x \wedge D^2xb)$	2, 3, 8 新規則

注意：在這裡 3 已經被 2 換回來了。

讀者一定要了解：9 不是 8 的**重覆**，兩者用的前提已不一樣了。8 之所

以得到，乃因具體的 c 而來；而 **具體之 c 作為例證** 乃是依據 2 而來。我們這樣迂迴走一遭，就避免了由 $(\exists\alpha)\,\Phi$ 直接推出 $\Phi\,\alpha\,/\,\beta$ 之錯誤。在我們寫下新規則之前，讓我們再多舉兩個例子，讓讀者多熟悉一下整個想法。

a) $(x)\,(F^1x \to G^1x),\ (\exists x)\,-G^1x,\ (\exists x)\,-F^1x \to (\exists y)\,-H^1y$ $\vdash$ $(\exists y)\,-H^1y$

{1}	1. $(x)\,(F^1x \to G^1x)$	p
{2}	2. $(\exists x)\,-G^1x$	p
{3}	3. $(\exists x)\,-F^1x \to (\exists y)\,-H^1y$	p
{4}	4. $-G^1f$	p* （相對於 2，我們假想的例子）
{1}	5. $F^1f \to G^1f$	1, US
{1, 4}	6. $-F^1f$	4, 5 MTT
{1, 4}	7. $(\exists x)\,-F^1x$	6, EG
{1, 2}	8. $(\exists x)\,-F^1x$	2, 4, 7 新規則（用 2 去換 4）
{1, 2, 3}	9. $(\exists y)\,-H^1y$	3, 8 MPP

b) $(x)\,(F^1x \to (\exists y)\,(S^1y \wedge K^2xy)),\ (\exists x)\,F^1x,\ (x)\,(S^1x \to G^1x)$
$\vdash$ $(\exists x)\,(\exists y)\,(G^1x \wedge K^2yx)$

{1}	1. $(x)\,(F^1x \to (\exists y)\,(S^1y \wedge K^2xy))$	p
{2}	2. $(\exists x)\,F^1x$	p
{3}	3. $(x)\,(S^1x \to G^1x)$	p
{4}	4. F^1a	p* （相對於 2，做一例示）
{1}	5. $F^1a \to (\exists y)\,(S^1y \wedge K^2ay)$	1, US
{1, 4}	6. $(\exists y)\,(S^1y \wedge K^2ay)$	4, 5 MPP
{7}	7. $S^1b \wedge K^2ab$	p* （相對於 6，再做一例）

{7}	8. S^1b	7, Simp
{7}	9. K^2ab	7, Simp
{3}	10. $S^1b \to G^1b$	3, US
{3, 7}	11. G^1b	8, 10 MPP
{3, 7}	12. $G^1b \wedge K^2ab$	9, 11 Adj
{3, 7}	13. $(\exists y)(G^1b \wedge K^2yb)$	12, EG
{3, 7}	14. $(\exists x)(\exists y)(G^1x \wedge K^2yx)$	13, EG ⎫
{1, 3, 4}	15. $(\exists x)(\exists y)(G^1x \wedge K^2yx)$	6, 7, 14 ⎬ (6 換 7)
		新規則 ⎭
{1, 2, 3}	16. $(\exists x)(\exists y)(G^1x \wedge K^2yx)$	2, 4, 15 新規則 (2 換 4)

(14, 15, 16 三行固然相同，但前提都不一樣。)

依據我們從例子以及講解中學到的東西，也許可書寫 ES- 規則如下：

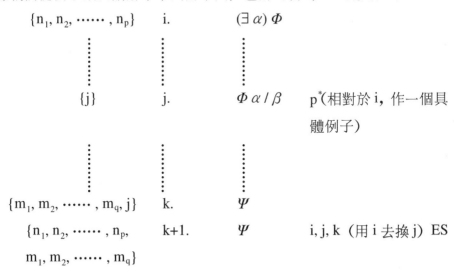

(既然用 i 去換 j，那麼 i 所用之前提就要取代 j)

關於所選用之 β，有下列限制條件：

a) β 不出現在 Φ 之中，也不出現於 $(\exists \alpha) \Phi$ 所需之前提中。(註：如已出現於 Φ 之中，那表示它已是一特殊之物的常元，不能供我們假想

了。)

b) β 不再出現於 Ψ 之中。(註: β 之援用主要是當做推論之過渡。實際上，β 是什麼特別的東西根本無法交待。)

c) 如果 Ψ 之前提為 $m_1, m_2, \cdots\cdots, m_q$ 和 j，那麼 β 也不被允許出現在 $m_1, m_2, \cdots\cdots, m_q$ 任何一個前提之中。(註: **實際運用的時候，我們**所挑之 β 最好是在 j 以前的任何一行中從未出現過的 β。這樣可輕易地滿足 a) 和 c) 的規定。)

　　我們的 ES- 規則之書寫方式比較複雜。但我想基本觀念不難了解: 遇到 $(\exists\alpha)\,\Phi$ 時，我們可以預設某個 β 是 $\Phi\,\alpha\,/\,\beta$（「Φ」說: α 是如何如何；「$\Phi\,\alpha\,/\,\beta$」成了: β 是如何如何），而我們**所選之常元** β **是以前沒有出現過的**，以免與其他既有之常元相混。我們這樣的舉例只是**過渡**、只是**例示**、只是用具體假想的例子暫時推演一番，最後得用 $(\exists\alpha)\,\Phi$ 換回來，因此我們不讓它留在結論之中。(它是我們**假想**的例子，我們並不知道它之所指為那個特定的東西。)

應用實例 (ES- 規則之應用)

1. $(x)(y)(H^1 x \wedge H^1 y \wedge F^2 xy \rightarrow K^2 xy)$, $(x)(y)(F^2 xy \rightarrow F^2 yx)$,

　　$(\exists x)(\exists y)(H^1 x \wedge H^1 y \wedge F^2 xy)$　$\vdash$　$(\exists x)(\exists y)(K^2 xy \wedge K^2 yx)$

$\{1\}$	1. $(x)(y)(H^1 x \wedge H^1 y \wedge F^2 xy \rightarrow K^2 xy)$	p
$\{2\}$	2. $(x)(y)(F^2 xy \rightarrow F^2 yx)$	p
$\{3\}$	3. $(\exists x)(\exists y)(H^1 x \wedge H^1 y \wedge F^2 xy)$	p
$\{4\}$	4. $(\exists y)(H^1 a \wedge H^1 y \wedge F^2 ay)$	p*（「a」未出現過）
$\{5\}$	5. $H^1 a \wedge H^1 b \wedge F^2 ab$	p*（「b」未出現過）
$\{5\}$	6. $H^1 a \wedge H^1 b$	5, Simp
$\{5\}$	7. $F^2 ab$	5, Simp
$\{5\}$	8. $H^1 b \wedge H^1 a$	6, Comm
$\{2\}$	9. $(y)(F^2 ay \rightarrow F^2 ya)$	2, US [x / a]

{2} 10. $F^2ab \rightarrow F^2ba$	9, US [y / b]
{2, 5} 11. F^2ba	7, 10 MPP
{2, 5} 12. $H^1b \land H^1a \land F^2ba$	8, 11 Adj
{1} 13. (y) ($H^1a \land H^1y \land F^2ay \rightarrow K^2ay$)	1, US [x / a]
{1} 14. $H^1a \land H^1b \land F^2ab \rightarrow K^2ab$	13, US [y / b]
{1, 5} 15. K^2ab	5, 14 MPP
{1} 16. (y) ($H^1b \land Hy \land F^2by \rightarrow K^2by$)	1, US [x / b]
{1} 17. $H^1b \land H^1a \land F^2ba \rightarrow K^2ba$	16, US [y / a]
{1, 2, 5} 18. K^2ba	12, 17 MPP
{1, 2, 5} 19. $K^2ab \land K^2ba$	15, 18 Adj
{1, 2, 5} 20. (∃ y) ($K^2ay \land K^2ya$)	19, EG
{1, 2, 5} 21. (∃ x) (∃ y) ($K^2xy \land K^2yx$)	20, EG
{1, 2, 4} 22. (∃ x) (∃ y) ($K^2xy \land K^2yx$)	ES, 4, 5, 21（以 4 換 5）
{1, 2, 3} 23. (∃ x) (∃ y) ($K^2xy \land K^2yx$)	ES, 3, 4, 22（以 3 換 4）

2. 有些學生既喜歡英文又喜歡數學。任何喜歡英文的學生，如果他（或她）碰到任何的全校英文競賽，那麼他一定會去參加那個比賽。任何喜歡數學的學生，如果他（或她）碰到任何一項全校性的數學競賽，那麼他一定會去參加那個比賽。由於人為操作電腦的錯誤，本學期的全校英文競賽時間排在全校數學競賽的同一時段上，造成了任何學生參加其中一項比賽就無法參加另一項。結論：有些學生參加了本學期的全校英文競賽，有些同學參加了本學期的全校數學競賽，而且臺北的天氣很悶。(S^1 = 是學生；E^1 = 喜歡英文；M^1 = 喜歡數學；F^1 = 是全校數學競賽；G^1 = 是全校英文競賽；P^2 = ○○○參加×××；a = 本學期的全校英文競賽；b = 本學期的全校數學競賽；T = 臺北的天氣很悶。)

$(\exists x)(S^1x \land E^1x \land M^1x)$, $(x)(S^1x \land E^1x \to (y)(G^1y \to P^2xy))$; $(x)(M^1x \land S^1x \to (y)(F^1y \to P^2xy))$, G^1a（按：本學期的英文全校競賽自然是全校英文競賽之一），F^1b（按：理由類似前面所敘），$(x)(S^1x \land P^2xa \to -P^2xb)$, $(x)(S^1x \land P^2xb \to -P^2xa)$ ⊢ $(\exists x)(S^1x \land P^2xa) \land (\exists x)(S^1x \land P^2xb) \land T$

{1}	1. $(\exists x)(S^1x \land E^1x \land M^1x)$	p
{2}	2. $(x)(S^1x \land E^1x \to (y)(G^1y \to P^2xy))$	p
{3}	3. $(x)(S^1x \land M^1x \to (y)(F^1y \to P^2xy))$	p
{4}	4. G^1a	p
{5}	5. F^1b	p
{6}	6. $(x)(S^1x \land P^2xa \to -P^2xb)$	p
{7}	7. $(x)(S^1x \land P^2xb \to -P^2xa)$	p

（本例題雖然前提比較多，但並不是那麼複雜，只要有耐心就不難正確地將之符號化。）

{8}	8. $S^1e \land E^1e \land M^1e$	p*（進行 ES，選從未用過之常元）
{8}	9. $S^1e \land E^1e$	（備用）8, Simp
{8}	10. S^1e	9, Simp（儘量把一個連言分解）
{8}	11. E^1e	9, Simp
{8}	12. M^1e	8, Simp
{8}	13. $S^1e \land M^1e$	10, 12 Adj（備用）
{2}	14. $S^1e \land E^1e \to (y)(G^1y \to P^2ey)$	2, US
{3}	15. $S^1e \land M^1e \to (y)(F^1y \to P^2ey)$	3, US
{2, 8}	16. $(y)(G^1y \to P^2ey)$	9, 14 MPP
{3, 8}	17. $(y)(F^1y \to P^2ey)$	13, 15 MPP
{2, 8}	18. $G^1a \to P^2ea$	16, US
{3, 8}	19. $F^2b \to P^2eb$	17, US

$\{2, 4, 8\}$	20. P^2ea	4, 18 MPP
$\{3, 5, 8\}$	21. P^2eb	5, 19 MPP
$\{2, 4, 8\}$	22. $S^1e \land P^2ea$	10, 20 Adj
$\{3, 5, 8\}$	23. $S^1e \land P^2eb$	10, 21 Adj
$\{2, 4, 8\}$	24. $(\exists x)(S^1x \land P^2xa)$	22, EG
$\{1, 2, 4\}$	25. $(\exists x)(S^1x \land P^2xa)$	1, 8, 24 ES (用 1 代 8)
$\{3, 5, 8\}$	26. $(\exists x)(S^1x \land P^2xb)$	23, EG
$\{1, 3, 5\}$	27. $(\exists x)(S^1x \land P^2xb)$	1, 8, 26 ES (用 1 換 8)
$\{1, 2, 3, 4, 5\}$	28. $(\exists x)(S^1x \land P^2xa) \land (\exists x)(S^1x \land P^2xb)$	25, 27 Adj
$\{6\}$	29. $S^1e \land P^2ea \to -P^2eb$	6, US
$\{2, 4, 6, 8\}$	30. $-P^2eb$	22, 29 MPP
$\{3, 5, 8\}$	31. $P^2eb \lor T$	21, Add (此處重要，因為要得 T)
$\{2, 3, 4, 5, 6, 8\}$	32. T	30, 31 DS
$\{1, 2, 3, 4, 5, 6\}$	33. T	1, 8, 32 ES (用 1 換 8)
$\{1, 2, 3, 4, 5, 6\}$	34. $(\exists x)(S^1x \land P^2xa) \land (\exists x)(S^1x \land P^2xb) \land T$	28, 33 Adj

注意：此例題有幾點意義：

①我們用了三次 ES 規則，注意在第 8 行裡選常元時，務必選用從未出現過的，這樣可滿足規則中的限制。結論一旦得到，記得要用存在句去代換假設的前提。

②本題中，因為前提有不一致（即產生矛盾）的情形，所以才能產生「T」那樣奇怪的結論。有矛盾時（「P ∧ −P」），可用 Add 得到「P ∨

Q」，再用「−P」藉 DS 得到「Q」。由矛盾的前提可以推出任何句子、句式。此所以我們討論、談話一定要免除矛盾。

練　習　題

【ES- 規則之應用】

1. $(x) (F^1x \rightarrow G^1x), (\exists x) -G^1x \quad \vdash (\exists x) -F^1x$

2. $(x) (y) (F^1x \wedge F^1y \rightarrow R^2xy), (\exists x) F^1x, (\exists y) F^1y$

   $\vdash (\exists x) (\exists y) R^2xy$

3. $(x) (y) (F^1x \wedge F^1y \rightarrow R^2xy), (\exists x) F^1x \quad \vdash (\exists x) (\exists y) R^2xy$

4. $(\exists x) (\exists y) (\exists z) (F^2xy \wedge F^2xz), (x) (y) (z) (F^2xy \wedge F^2xz \rightarrow R^2yz)$

   $\vdash (\exists y) (\exists z) R^2yz$

5. 有些課只有大一學生才可以選。只有大一學生才可以選的課都是通識課程。　因此，有些課是通識課程。(C^1 = 是一個課（或課程）；T^2 = ○○○選修×××；F^1 = 是大一學生；G^1 = 是通識課程。）

6. 現代的強國都擁有一些核子武器。美國是現代強國。擁有核子武器的現代強國一定有一些先進的火箭設備。因此，美國有一些先進的火箭設備。(a = 美國；S^1 = 是現代強國；H^2 = ○○○擁有×××；N^1 = 是核子武器；A^1 = 是先進的火箭設備。）

本章綜合練習題

1. $(x) (F^1x \to G^1x)$　　$\vdash$　$(x) F^1x \to (x) G^1x$

2. $(x) (y) (F^1x \to G^1x)$　　$\vdash$　$(\exists x) F^1x \to (\exists x) G^1x$

3. $(\exists x) (F^1x \wedge G^1x)$　　$\vdash$　$(\exists x) F^1x \wedge (\exists x) G^1x$

4. $(x) (y) F^2xy$　　$\vdash$　$(y) (x) F^2yx$　　$\left.\vphantom{\begin{array}{c}a\\b\end{array}}\right\}$ 書寫方式之轉換

5. $(\exists x) (\exists y) F^2xy$　　$\vdash$　$(\exists y) (\exists x) F^2yx$

6. $-(x) -F^1x \Leftrightarrow (\exists x) F^1x$　　$\left.\vphantom{\begin{array}{c}a\\b\end{array}}\right\}$ 量詞互換原則，利用 RAA 證明之。

7. $-(\exists x) -F^1x \Leftrightarrow (x) F^1x$

8. $(x) (y) (z) (F^2xy \wedge F^2yz \to F^2xz), (x) (y) (F^2xy \to F^2yx),$

   $(x) (\exists y) F^2xy$　　$\vdash$　$(x) F^2xx$

9. $(x) (F^1x \wedge P) \Leftrightarrow (x) F^1x \wedge P$

10. $(\exists x) (F^1x \vee G^1x) \Leftrightarrow (\exists x) F^1x \vee (\exists x) G^1x$

11. $(x) (F^1x \vee P)$　　$\vdash$　$(x) F^1x \vee P$

12. $(x) (F^1x \to G^1x)$　　$\vdash$　$(x) F^1x \to (x) G^1x$

13. $(x) F^1x \vee (y) G^1y$　　$\vdash$　$(x) (-F^1x \to G^1x)$

14. 如果人人都守交通規則，那麼交通秩序一定大見改善。如果交通秩序大見改善，那麼都會的生活壓力就相對減少。如果都會生活壓力相對減少，那麼人人都會感到心情舒泰。張小毛這個人並未感到心情舒泰。因此，有些人並不守交通規則。(H^1 = 是人；K^1 = 守交通規則；T^1 = 交通秩序大見改善；R^1 = 都會的生活壓力相對減少；F^1 = 感到心情舒泰；a = 張小毛。)

15. 每個一年級學生都認識幾個老師。張三是一年級的學生。被認識的老師都有其特點。因此，有些老師有其特點。(F^1 = 是一年級學生；T^1 = 是老師；K^2 = ○○○認識×××；a = 張三；S^1 = 有特點。)

附錄 II： 量化推論的四個規則一覽表

「$\Phi\alpha/\beta$」之意義：Φ 之中任何自由變元 α 都被常元 β 取代之結果。
如：$[(\exists x)(F^1x \vee G^1y)]\,y/a = (\exists x)(F^1 \vee G^1a)$。

量化推論四規則：設 Φ 為合法句式，α 為變元而 β 為常元，那麼

$$\frac{(\alpha)\,\Phi}{\vdash\ \Phi\alpha/\beta} \qquad ; \qquad \frac{\Phi\alpha/\beta}{\vdash\ (\exists\alpha)\,\Phi}$$

$$\text{（US- 規則）} \qquad\qquad \text{（EG- 規則）}$$

$$\frac{\Phi\alpha/\beta}{\vdash\ (\alpha)\,\Phi}$$

（UG- 規則，有條件限制）

UG- 規則在 β 方面之限制：

i) β 不出現於 $\Phi\alpha/\beta$ 所需之任何中；

ii) β 也不出現於 $(\alpha)\,\Phi$。

（兩條限制，保證 β 不是指特殊的某個事、物）

（以下為 ES- 規則圖式）

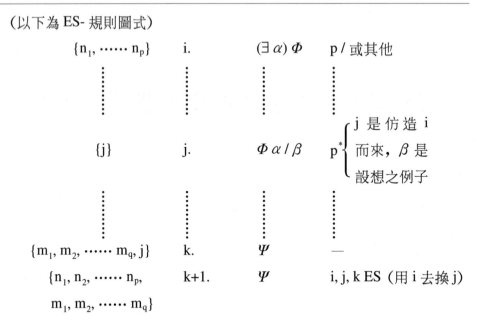

$$\{n_1, \cdots\cdots n_p\} \quad \text{i.} \quad\quad (\exists\alpha)\,\varPhi \quad\quad p\,/\,或其他$$

$$\{j\} \quad\quad\quad \text{j.} \quad\quad \varPhi\,\alpha\,/\,\beta \quad\quad p^* \left\{ \begin{array}{l} j\,是仿造\,i\\ 而來，\beta\,是\\ 設想之例子 \end{array} \right.$$

$$\{m_1, m_2, \cdots\cdots m_q, j\} \quad \text{k.} \quad\quad \varPsi \quad\quad —$$

$$\{n_1, n_2, \cdots\cdots n_p, \quad\quad \text{k+1.} \quad\quad \varPsi \quad\quad \text{i, j, k ES（用 i 去換 j）}$$

$$m_1, m_2, \cdots\cdots m_q\}$$

使用 ES- 規則，對選作例子之 β 有限制：

i) β 不出現於 $\varPhi$ 之中，也不出現 $(\exists\alpha)\,\varPhi$ 所需之前提中。

ii) β 不出現於 $\varPsi$ 所需之前提 $m_1, \cdots\cdots m_q$ 之中。

滿足這兩條件之策略：β 是 j 行以前未出現之常元。

iii) β 也不出現於 $\varPsi$ 之中。（因為只借來例示，用完即丟也。）

第六章　錯誤的推論如何加以證明

§1　一個基本觀念

要證明某一個推論形式（即以符號句式所表達出來的形式）是錯誤的，其基本觀念倒是很簡單，那就是：該形式會引來**真的前提**而**假的結論**。

比如說，下面的形式是錯誤的：

$$(1)\ P \to Q, Q \quad \vdash\ P$$

我們可以做這樣的證明：設「P」代表「孫中山是浙江省人」，「Q」代表「孫中山是中國人」。那麼套用上面那個式子，就有下面的推理：

前提真 $\begin{cases} \text{(i)如果孫中山是浙江省人，那麼他是中國人。} \\ \text{(ii)孫中山是中國人。} \end{cases}$

$\vdash$　(iii)孫中山是浙江省人。◄---- 結論假

因為有這樣的前提真而結論假的情形發生，所以上面那個推論形式是錯誤的。(1) 是一個很有名的錯誤，大家叫它做「肯定後件的謬誤」。

再比如說，下面的形式也是錯誤的：

$$(2)\ P \to Q, -P \quad \vdash\ -Q\ （這叫做「否定前件的謬誤」）$$

試看以下的推理：

前
提　{ (ⅰ)如果孫中山是浙江省人，那麼他是中國人。
真　　(ⅱ)孫中山不是浙江省人。

⊢　(ⅲ)孫中山不是中國人。◀---- 結論假

對於其他較複雜的推論形式，我們都可以依此一原則去找出前提真而結論假的情形。如果找到了，我們就算是證明了給定的推論形式是錯誤。總之，對的推論形式我們依規則可以證明出來；錯的推論形式，一定會引出真的前提而假的結論那樣的推理。

但是實際去找前提真而結論假的推理——那樣的辦法有一個很大的缺點：限於我們的知識，我們可能很難找到所需的情況。（資訊的限制以及我們追溯資訊的能力方面的限制。）有沒有其他的辦法呢？

§2　真值表方法——只適用於語句邏輯

對於第一節末尾所提之問題，我們的答案是：如果推論形式只限於語句邏輯（即第一、二、三章中的推論形式，不涉及到量化符號的推論），我們的確有**機械性**的檢查辦法。這裡介紹的真值表方法便是其中之一。

首先，讓我們來規定語句連接詞（即語句連接符號）的各個**基本真值表**。

我們的觀念很簡單。**任何合法句式**（從簡單的句式到任何複雜的句式）都只有兩種可能性：要麼為**真**（我們用粗體的「**T**」來表示，即句式所言屬實）、要麼為**假**（我們用粗體的「**F**」來表示，即句式所言無事實與之對應）。句式跟句式之結合關係，在語句邏輯中只有五種可能性：否定式、選言式、

連言式、條件句式以及雙條件句式；**每一個句式之真假值只能由它們的構成份子來決定**。比如說，如果「P」是**真**的時候，那麼「−P」就是**假**；如果「P」是**假**的時候，那麼「−P」就是**真**。易言之，「−P」的值是由「P」的值來決定的。同理，如果「P」與「Q」的值決定了，那麼「P∨Q」、「P∧Q」、「P→Q」、「P↔Q」各式之值也跟著決定了。下面的**基本真值表**就是把這種構成份子的值**如何決定**複合句的值之各種情況表達出來。

Φ	$-\Phi$
T	F
F	T
(否定式)	

Φ	Ψ	$(\Phi \vee \Psi)$	$(\Phi \wedge \Psi)$	$(\Phi \rightarrow \Psi)$	$(\Phi \leftrightarrow \Psi)$
T	T	T	T	T	T
F	T	T	F	T	F
T	F	T	F	F	F
F	F	F	F	T	T
		(選言)	(連言)	(條件句)	(雙條件句)

　　讀這個表必須**橫列式**地從左往右看。一個選言具有 **F** 值當它的兩個構成份子都具有 **F** 值時；如果前件為 **T** 而後件為 **F**，那麼那個條件句為 **F**；雙條件句的值要為 **T** 必須兩端之值相同；連言句為 **T** 的充分、必要條件是構成份子均為 **T**。我想其他各列由讀者自己察看。不管世界上資訊呈現怎樣紛繁的現象，一旦它們被這五種形式來加以表達，它們就照上面的真值表來決定。

　　這樣基本的真值表有什麼用處呢？用處很多，我們這裡要講到最要緊的一個：我們可以用基本真值表來畫出一推論形式的真值表，並由此可判**斷**該推論形式是否正確。首先，把一個推論形式中最小單位的英文字母找出來（只找出不同的英文字母。每一個單句只有真、假 (**T**、**F**) 二值的可能性，它們的全部排列組合只能是 2^n〔n = 單句之數目〕。）以此為基礎，我們依基本真值表計算出**每一個前提以及結論**在任何**情況**的真、假值（所謂情

況也者，就是各單句及其真假值所湊成的一次組合。我們這樣講有點抽象，但馬上就可以明白。）讓我們舉一個具體的例子：

$$P \lor Q, P \to R, Q \to R \quad \vdash R$$

因為全部的單句只有三個（「P」、「Q」、「R」），它們全部所能有的真假值的排列組合只有八種（就是我們上述的情況）；比如說，當 P 為 **T**、Q 為 **T**、R 為 **F**，這就是一個組合，是一種**情況**；而當 P 為 **F**、Q 為 **T**、R 為 **F**，這又是一個組合，是另外一種情況。現在我們可把推論形式畫成下面的表格，並且依照前面所述的基本真值表，計算出每種情況下各前提、結論之真假值。

P	Q	R	$P \lor Q$	$P \to R$	$Q \to R$	$\vdash R$	判斷 $\checkmark$ or $\times$
T	T	T	T	T	T	T	$\checkmark$
T	T	F	T	F	F	F	
T	F	T	T	T	T	T	$\checkmark$
T	F	F	T	F	T	F	
F	T	T	T	T	T	T	$\checkmark$
F	T	F	T	T	F	F	
F	F	T	F	T	T	T	
F	F	F	F	T	T	F	

這個表有什麼用？每一橫列都察看一下：**看一看有沒有前提真**（全部前提都為真）**而結論為假**的情形。如果有，則推論形式是錯誤的；如沒有，則推論形式是正確的。上面的表格就表明原推論形式是正確的。表格中顯示，每次全部前提為真的時候，結論也真，所以，**沒有前提真而結論假的情形**。

再看一例:

$$Q \lor P, P \land S \to -Q, S \land R \quad \vdash P$$

這個推論表格畫起來分十六個橫列 $(2^4 = 16)$。

P	Q	R	S	Q∨P	P∧S → -Q			S∧R	⊢ P	✓ / ×
T	T	T	T	T	T	F	F	T	T	
T	T	T	F	T	F	T	F	F	T	
T	T	F	T	T	T	F	F	F	T	
T	T	F	F	T	F	T	F	F	T	
T	F	T	T	T	T	T	T	T	T	✓
T	F	T	F	T	F	T	T	F	T	
T	F	F	T	T	T	T	T	F	T	
T	F	F	F	T	F	T	T	F	T	
F	T	T	T	T	F	T	F	T	F	×
F	T	T	F	T	F	T	F	F	F	
F	T	F	T	T	F	T	F	F	F	
F	T	F	F	T	F	T	F	F	F	
F	F	T	T	F	F	T	T	T	F	
F	F	T	F	F	F	T	T	F	F	
F	F	F	T	F	F	T	T	F	F	
F	F	T	F	F	F	T	T	F	F	
					①	③	②			
				(①③② 表示步驟，由小單位算到大單位。)						

在第九橫列，我們發現了: 在 P 為假、Q 為真、R 為真、S 為真的那種情況下，前提全部為真而結論為假。因此，我們下結論說，上面那個推論形

式是錯誤的。

真值表的檢查辦法是很機械性的，原則上，一切發生在語句邏輯中的推論，都可以用此方法檢查其正確與否。當然，當一個推論形式的單句過多的時候（比如說，有 8 個，那麼 $2^8 =256$），畫起表格可是很麻煩的事。機械性的事情也許能交給電腦去做，不知你有沒有興趣設計這樣的軟體？

練 習 題

用真值表判斷推論形式正確與否——

1. $P \vee Q \rightarrow R, -R \wedge S, -S \vee T \quad \vdash -P \wedge T$

2. $- -Q \rightarrow R, R \rightarrow S, -Q \vee P \quad \vdash P$

3. $-(P \rightarrow Q), P \wedge -Q \rightarrow R, S \quad \vdash R \wedge S$

4. $-(P \rightarrow (Q \rightarrow R)), P, -Q \quad \vdash -R$

§3　解釋方法

真值表方法只能用於語句邏輯的推論形式。如果推論形式擴充到第四、第五章的部份，一般地講，我們就沒有這種方便的技術。我們得回到我們原初的觀念：設法使推論形式出現前提真而結論假的情形，以證明該推論形式是錯誤的。

比如說下面一個推論形式：

(3.1) $(\exists x)(P^1x \wedge F^1x), (\exists x)(P^1x \wedge G^1x)$　$\vdash$　$(\exists x)(P^1x \wedge F^1x \wedge G^1x)$

我們若把「P^1」讀成「是自然數」，「F^1」讀成「是偶數」，「G^1」讀成「是奇數」；由之，我們可以有以下之推論：

$$
\begin{array}{ll}
\text{有些自然數是偶數} & \longleftarrow \text{此前提為真} \\
\underline{\text{有些自然數是奇數}} & \longleftarrow \text{此前提亦為真} \\
\vdash \text{有些自然數既是偶數又是奇數} & \longleftarrow \text{結論為假}
\end{array}
$$

具備 (3.1) 推論形式之推論居然出現前提真而結論假之狀況，因此，(3.1) 是一個不正確的推論形式。

由類似上面的例證中，學人們得出一個較系統的方法來證明量化邏輯的推論形式之錯誤。這個方法叫做解釋方法 (the method of interpretation)，說起來很簡單：

    a) 首先確定一推論的量化推論形式（即：原來只是日常語言之量化推論的話，先要把它翻譯成符號的形式）。

    b) 其次，我們設定一個解釋的界域（範圍）(the domain of the interpretation)。如此一來，當我們用 (α) 的時候，我們指的是這個範

圍中的所有成員；當我們用 (∃α) 的時候，我們指的是至少在這個範圍中有一個成員如何如何。換言之，在我們**做解釋**的時候，不必每次都把整個宇宙都拉進來。在邏輯系統中，「(x)」所及之範圍總是沒有限制的，「(x) F¹x」之中的「(x)」意指一切事物。我們做解釋時，不必如此看待「(x)」；我們把它所及的範圍加以減縮。原理是：如果有對大宇宙中**一切事物都能成立的事情**，對宇宙中**局部事物**也一定為真。易言之，我們設定之**界域**可說是小宇宙，小宇宙在大宇宙之中也。如果在小宇宙中不能成立的事情，那麼在大宇宙中也不能成立。

c) 根據解釋的界域，規定出各個述詞的意義來。換言之，要把述詞賦與跟界域中事物適合的意義來。如果你定一個界域為人類，但卻把述詞解作「是偶數」、「是奇數」……，那就使得界域與述詞毫無關係了。此外，在推論中的常元也要得到確定的解釋：某常元代表界域中的某事物。

d) 另外不必多加解釋：形式中其他邏輯成分其意義是固定不變的。(邏輯成分指「−」、「∨」、「∧」、「→」以及「↔」。)

以下用實例來說明此一解釋方法。

(3.2) (x) (F¹x → G¹x), (x) (G¹x → H¹x), −F¹a　⊢　−Ha

設定：1. Domain (D) (以下均簡稱 D) = ｛一切人｝

　　　2. F¹ = 是浙江省人；G¹ = 是中國人；H¹ = 是亞洲人；a = 孫中山

原式就有了下面的推論：

　(i)任何浙江省人都是中國人；

　(ii)中國人都是亞洲人；

　(iii)孫中山不是浙江省人。

　　因此，孫中山不是亞洲人。

判斷：發生前提真而結論假之情況，(3.2) 是錯誤的。

(3.3) (x) (∃ y) F²yx   ├ (∃ y) (x) F²yx

　　設定：1. D = ｛自然數｝

　　　　　2. F² = ○○○大於×××。

結果：$\dfrac{\text{每個自然數都有一個比它大的自然數（真）}}{\text{├ 有一個自然數比任何自然數都大}}$ （假）

(3.4) (x) (∃ y) F²xy   ├ (x) (∃ y) F²yx

　　設定：1. D = ｛自然數｝

　　　　　2. F² = ○○○小於×××。

結果：$\dfrac{\text{每個自然數都至少小於一個自然數}}{\text{├ 每個自然數都至少有一個自然數比它小}}$ （真）（假）

（因為 1 為自然數，但沒有一個自然數比它小。此處不把零當作自然數，如果把零也當做自然數，那麼它就是最小的了。）

(3.5) 任何三芝鄉人都是臺北縣人。任何臺北縣人都是臺灣省人。

$\dfrac{\text{李登輝先生是臺灣省人。}}{\text{├ 李登輝先生是三芝鄉人。}}$

原推論之形式為：

(x) (F¹x → G¹x)

(x) (G¹x → H¹x)

$\dfrac{\text{H}^1a}{\text{├ F}^1a}$

我們解釋的時候，不必太費事

1. D = ｛一切人｝

2. 述詞照原推論。但設定

a = 陳水扁先生

新的解釋下：

前提皆真 $\left\{\begin{array}{l}\text{任何三芝鄉人都是臺北縣人。}\\\text{任何臺北縣人都是臺灣省人。}\\\text{陳水扁先生是臺灣省人。}\end{array}\right.$

結論假 ----→ ⊦ 陳水扁先生是三芝鄉人。

(3.6)

竹北在新竹的北邊。

桃園在竹北的北邊。

⊦ 桃園在新竹的北邊。

〔按原式不能算全錯，但嚴格講

有一個前提未講出來：

任何三個地點：甲、乙、丙，甲

在乙之北邊、乙在丙的北邊，那

麼甲在丙的北邊。符號化：

(x) (y) (z) (F²xy ∧ F²yz → F²xz)〕

符號化：

$$\frac{\begin{array}{c}F^2ab\\F^2ca\end{array}}{\vdash\ F^2cb}$$

解釋：

1. D ＝ ｛人｝

2. F² ＝ ○○○比×××高兩吋；

a ＝ 張三， b ＝ 李四， c ＝ 王五。

結果：

$\left.\begin{array}{l}\text{張三比李四高兩吋。}\\\text{王五比張三高兩吋。}\end{array}\right\}$ 假設為真

⊦ 王五比李四高兩吋。 ----此為假

練 習 題

【應用解釋方法】

試證下面的推論是錯誤的——

1. $(x) (F^1x \to G^1x), (x) (G^1x \vee H^1x \to I^1x) \quad \vdash \quad (x) (-F^1x \to -I^1x)$

2. $(\exists x) F^1x, (\exists x) G^1x \quad \vdash \quad (\exists x) (F^1x \wedge G^1x)$

3. $(x) (H^1x \to K^2ax) \quad \vdash \quad (x) (H^1x \to K^2xa)$

4. $(x) (H^1x \to K^2xa) \quad \vdash \quad (x) (H^1x \to K^2ax)$

5. $(x) (N^1x \to E^1x \vee O^1x) \quad \vdash \quad (x) (N^1x \to E^1x) \vee (x) (N^1x \to O^1x)$

6. 喜歡打籃球的都是一年級學生。喜歡打網球的都是二年級學生。因此，喜歡打籃球的都不喜歡打網球。(B^1 = 喜歡打籃球的；F^1 = 是一年級學生；T^1 = 喜歡打網球的；S^1 = 是二年級學生。——參考 (3.6))

附錄III: 證明策略
（玩推論遊戲的一些要領）

初學者有時候明明對一些規則非常熟悉，但面對一個推論遊戲時，往往不知道如何進行。下面用實例講的一些要領也許對你有點助益。

A. (語句邏輯部份) 認清結論的形式：讀者要知道句式的形式不外乎下面幾個形式：a) 單純的英文大寫字母；b) 五個句型之一：$-\Phi, (\Phi \vee \Psi), (\Phi \vee \Psi), (\Phi \rightarrow \Psi)$ 或 $(\Phi \leftrightarrow \Psi)$。你的結論或你想要得到的任何一行都不會超出這六個句型的範圍之外。我們的要領就依這個基本認識來建立的。

(i)結論是單純的英文大寫字母，那麼你就要到前提中去看它到底出現在哪一行之中，然後設法把它從中獲得。如：

$$1. P \rightarrow (Q \wedge R), -S \vee --P, S \quad \vdash R$$

這裡「R」藏在第一前提中。如果我們可以得到一個「P」，那麼我們就可以得到「Q ∧ R」；然後我們由「Q ∧ R」便輕易地得到「R」。現在，我們要設法得到「P」。它在哪兒呢？看一下第二前提，其中有「− −P」；如果能得到「− −P」，那也就等於得到「P」了。第三前提可化為「− −S」，經由 DS 規則，我們不難得到「− −P」。

(ii)結論具有 $-\Phi$ 的型式。這個時候，如果結論是很明顯地可由前提直接推出的，那麼你就一步一步地推下來。如：

$$2. -P \rightarrow -R, Q \rightarrow -S, Q \wedge (-P \vee S) \quad \vdash -R$$

一般的情況是，你可以先假定 Φ 那個部份，然後用 RAA 證明出矛盾來。如:

$$3.\ P \leftrightarrow Q, Q \rightarrow (-S \rightarrow R), P \rightarrow (-S \wedge -R) \quad \vdash \ -Q$$

在玩 3 這個遊戲時，你如果假設「Q」的話，一切會進行得很順利。你很快可以得到「P」，因此，你也就很快地得到「(-S → R)」和「(-S ∧ -R)」。有了這兩句，那麼矛盾就在望了。

(iii)結論具有 $(\Phi \vee \Psi)$ 的型式。這個時候，如果可以經由 Add 規則從 Φ 或 Ψ 那一部份得到整個結論，那麼就設法以此方式得之。如:

$$4.\ P \wedge S, P \rightarrow -Q, Q \vee -R, R \vee T \quad \vdash U \vee T$$

在 4 中，我們不難得到「T」，再經由 Add 規則，我們即可得到「U ∨ T」。但這樣的情形實在很難碰到。另外一個策略是: 乾脆**否定掉具有** $(\Phi \vee \Psi)$ **型式的結論，然後進行 RAA，證明會發生矛盾。**即以 4 為例，我們若否定「U ∨ T」，我們很快地可以得到「-U ∧ -T」(DeM 規則)，因為有「-T」之故，「R」很快得到，也因此取得「Q」並不難; 另一方面，因為「P」已有了，由「P → -Q」就可以得到「-Q」。矛盾 (「Q ∧ -Q」) 已經得到，所以，原先之假定是錯的。**如果還沒有學會 RAA，碰到** $(\Phi \vee \Psi)$ **型式之結論時，我們建議把結論先化成** $(-\Phi \rightarrow \Psi)$，然後進行條件證法。如:

$$5.\ P \rightarrow Q, P \vee R \quad \vdash Q \vee R$$

做 5 遊戲時，先化「Q ∨ R」為「-Q → R」。證明如下:

{1}	1. P → Q	p
{2}	2. P ∨ R	p
{3}	3. -Q	p* (進行條件證法)
{1, 3}	4. -P	1, 3 MTT
{1, 2, 3}	5. R	2, 4 DS

$\{1, 2\}$　6. $-Q \rightarrow R$　　　　　　　　　3, 5 CP

$\{1, 2\}$　7. $- -Q \vee R$　　　　　　　　6, CD

到了第 7 步以後，我們可再分別證明「$- -Q \rightarrow (Q \vee R)$」以及「$R \rightarrow (Q \vee R)$」；一旦這兩式得到，我們就等於再做一次第二章實例的第 5 個例子了。不過，在未習得第三章之前，要證明這兩式，倒是**要費一點心思**。我們可以再繼續地提一些建議。

$\{8\}$　8. $- -Q$　　　　　　　　　　p[*]

$\{1, 2, 8\}$　9. $- -Q \wedge (- -Q \vee R)$　　　7, 8 Adj（先進去取一身份）

$\{1, 2, 8\}$ 10. $- -Q$　　　　　　　　9, Simp（再出來身份不同）

$\{1, 2, 8\}$ 11. Q　　　　　　　　　10, DN（如果沒有與 7 發生一些連繫，那麼第 13 行就會比較奇怪，因為它事實上不仰賴任何東西）

$\{1, 2, 8\}$ 12. $Q \vee R$　　　　　　　11, Add

$\{1, 2\}$ 13. $- -Q \rightarrow (Q \vee R)$　　　8, 12 CP

$\{14\}$ 14. R　　　　　　　　　　p[*]

$\{1, 2, 14\}$ 15. $R \wedge (- -Q \vee R)$　　　14, 7 Adj（同樣道理）

$\{1, 2, 14\}$ 16. R　　　　　　　　　15, Simp（再出來身份不同）

$\{1, 2, 14\}$ 17. $Q \vee R$　　　　　　　16, Add

$\{1, 2\}$ 18. $R \rightarrow (Q \vee R)$　　　　14, 17 CP

有了 7, 13, 18，剩下的就是第二章實例中所示範的證明了。

(iv)結論的形式是 $(\Phi \wedge \Psi)$：通常是分別求 Φ 的部份以及 Ψ 的部份；兩部份均得到後，再以 Adj 規則把兩者合而為一。如：

6. $P \rightarrow (Q \rightarrow R), -S \rightarrow R, (-R \wedge T) \wedge (T \rightarrow Q)$　$\vdash S \wedge -P$

此處你必須分別求「S」和「-P」。「S」不難得到，因為有「-R」。欲得「-P」，最好之辦法是求得「$-(Q \rightarrow R)$」，而為了求得「$-(Q \rightarrow R)$」，你不妨先假定「$(Q \rightarrow R)$」，然後進行 RAA（間接證明法）。

如果你還沒有學到 RAA，那麼可以這樣做：

{k} k.　(Q → R)　　　　　　　p*

{3} k+1. Q　　　　　　　　（這可以得到，因為有「T」和

　　　　　　　　　　　　　　「T → Q」）

{3, k} k+2. R　　　　　　　k, k+1 MPP

{3} k+3. –R　　　　　　　（這可以得到，因為有「–R ∧ T」）

{3, k} k+4. R ∨ –(Q → R)　　k+2, Add（這一步最要緊）

{3, k} k+5. –(Q → R)　　　　k+3, k+4 DS

{3} k+6. (Q → R) → –(Q → R)　k, k+5 CP

{3} k+7. –(Q → R) ∨ –(Q → R)　k+6 CD

{3} k+8. –(Q → R)　　　　　k+7, Idem

（此一推論方式，我們以前也使用過，因為有點刁鑽古怪，值得再認識一次。）

　　(v)結論的形式是 ($Φ → Ψ$)：通常是假定 $Φ$ 為新前提，跟原有前提一起，進行條件證法。如：

$$7. (P → Q) → R　⊢　(–P → R) ∧ (Q → R)$$

分別求兩個條件句：(–P → R) 以及 (Q → R)。就此而論，你要求得「P → Q」才行，但在「–P」之假設下或在「Q」之假設下，你都可以得到。帶一點難度，讀者試自證之。

　　(vi)結論的形式為 ($Φ ↔ Ψ$)：你分別去求兩個條件句式：($Φ → Ψ$) 以及 ($Ψ → Φ$)，其他的步驟都依條件證法。如：

$$8. A ↔ B　⊢　(A → R) ↔ (B → R)$$

求兩個條件句：(A → R) → (B → R) 以及 (B → R) → (A → R)。

　　B. (述詞邏輯部份) 認清結論之形式：帶量符的句型不外乎四種：(∃$α$) $Φ$,

$(\alpha \, \Phi), -(\exists \alpha) \, \Phi, -(\alpha) \, \Phi$。

(i)句型如為 $(\exists \alpha) \, \Phi$，那麼先求得 $\Phi \alpha / \beta$（β 是某個常元 β），然後加以 EG（存在一般化）。如：

9. $(x) \, (F^1x \rightarrow G^1x), F^1c \quad \vdash \quad (\exists x) \, (F^1x \wedge (G^1x \vee P))$

利用 US，很快可取得「G^1c」，進而得到「$G^1c \vee P$」（什麼規則?），然後把它跟第二前提合而為一，再加以 EG。

(ii)句型如為 $(\alpha) \, \Phi$，那麼先求得 $\Phi \alpha / \beta$（β 是一無個性之常元——換言之，β 未出現在 $\Phi \alpha / \beta$ 所需之前提上，不管哪一個前提），然後加以 UG（全稱一般化）。如：

10. $(x) \, (F^1x \rightarrow (\exists y) \, G^1y), (x) \, (G^1x \rightarrow (z) \, H^1z), F^1a \wedge H^1c \quad \vdash \quad (x) \, H^1x$

需求得一個「H^1e」這樣的東西而且希望「e」不是特別的，那樣我們才可以加以 UG。證明留給讀者。

(iii)碰到句型如為 $-(\exists \alpha) \, \Phi$，那麼**假定** $(\exists \alpha) \, \Phi$ 為新前程。然後，以 ES 規則證明會產生矛盾，因此 $-(\exists \alpha) \, \Phi$ 為正確。

(iv)如碰到句型如 $-(\alpha) \, \Phi$，那麼可**假定** $(\alpha) \, \Phi$ 那一部份為新前提。進而以 US 證明方式證明因此會產生矛盾，所以新前提是錯，$-(\alpha) \, \Phi$ 就得到了證明。

進一步參考讀物

1. 劉福增　譯,《邏輯概論》,臺北:心理出版社, 1997。(原書為 Virginia Klenck's *Understanding Symbolic Logic*)

2. 林正弘　著,《邏輯》, 臺北: 三民書局, 1986 增訂九版。

3. Benson Mates, *Elementary Logic*, 2nd Edition, New York: Oxford University Press, 1972.

4. D. Kalish and R. Montague, *Logic: Techniques of Formal Reasoning*, New York: Harcourt, Brace and World, 1964. (此書已有新版, 但舊版在臺灣較易得到。劉福增先生已譯成中文本, 讀者可兩相對照參看。)

5. Richmond Thomason, *Symbolic Logic: An Introduction*, New York: The Macmillan Co., 1970.

(3, 4, 5 書後均附有極精到而可靠的簡要邏輯書目。)

蘇格拉底及其先期哲學家
范明生/著

希臘哲學是在希臘文化的土壤中形成和發展起來的,其作為西方文化的源頭,啟迪了往後數學、自然科學、美學、倫理學、政治學等發展,可說是人類精神文化充沛豐盈的一個重要階段。本書由希臘當時的文化背景來詳述希臘早期哲學家們的思考歷程及世界觀,理出一條清晰的希臘哲學發展脈絡;其間,蘇格拉底更以「無知之知」的虔誠態度來探尋各種觀念的本質,使希臘哲學推向了智慧的高峰。(世界哲學家叢書,共149本)

亞里斯多德
曾仰如/著

「真理之化身」、「學問之父」、「智者之大師」的亞里斯多德,乃人類有史以來最傑出的思想家之一,其思想影響世人歷久不衰。故世界各國介紹其思想之書籍不勝枚舉。本書將其邏輯、宇宙、人類、存有者之為存有者、上帝、倫理、政治、教育及藝術各方面之言論加以忠實與有系統的介紹,盼能對研究其思想與有興趣者提供參考,進而加以發揚光大以建立健全的哲學體系及肯定人生之真諦。(世界哲學家叢書,共149本)

超越死亡
霍華特・墨菲特／著

莎士比亞稱死亡為「未被發現的國土」，因為尚無人能像哥倫布發現新大陸一樣，在造訪該地之後，回來向世人述說他的經歷。但自莎翁時代以降，有關這項古老祕密的研究工作，已有不一樣的風貌，本書即是其中的佼佼者。作者透過宗教、哲學、神祕主義，以及經驗證明等比較觀點來檢視死亡，為我們揭開死後生命世界的奧祕。（生死學叢書，共24本）

回歸真心
川喜田愛郎／著

人們常說，用心就能把每一件事做好。面對人生的生、老、病、死，以及與此關係密切的醫療問題，更需要我們秉持一顆真心，坦然以對，積極地尋求解決。本書四位作者分別以其專業素養，與讀者暢談醫療與生命倫理、生病的哲學、身心如何相輔相成，以及宗教的生命觀。從心出發，恢復本性，我們將活得更有意義。（生死學叢書，共24本）

西洋哲學十二講
鄔昆如／著

本書用編年史的寫法，透過希臘、中世、近代、現代八位哲學家的學說，簡介西洋哲學發展過程。《西洋哲學十二講》作為西洋哲學史的入門書，與《哲學十大問題》的哲學概論入門，可合為西洋哲學入門大全。讀者從這二本書中，可以找到進入西洋哲學的門徑，並擁有西洋哲學的基本知識。

從中國文化到現代性：典範轉移
石元康／著

現代化是我們民族這一百多年來所追求的最重要目標，於是「為什麼現代化這個目標對我們是這麼的艱難？」是一個值得深思的問題。要瞭解這個問題，必須從兩方面著手：一，探究構成現代世界的現代性究竟有些什麼內容；二，對自己的傳統做一種智性的探究。對兩者瞭解之後，將它們做比較，才能對這個問題提出較有意義的答案。這種通過對文化反思的工作，是一種自我瞭解的工作，只有自我瞭解，才能自我超越。

中國哲學史話

吳　怡　張起鈞／著

作者以中國哲學特有的路數來詮釋中國哲學，並用通俗的語言，輕鬆的筆調，深入淺出地介紹中國哲人的思想。書中以思想家為單元，在橫向方面勾勒出各思想家和思想學派的中心理論，以及與當時其他思想家和學派的相互關涉；縱向方面則剖析各思想、理論的流演及發展，理出中國思想前後相繼、首尾連貫的統序。隱隱中點出中國哲人為世道而學問的旨趣，使讀者對中國哲學的本來面目，有正確的認識。

用什麼眼看人生

王邦雄／著

本書乃作者近年間的哲理散文結集。依內容性質歸類編排為「經典活用」、「生命傳承」、「人間萬象」、「異國心旅」等四輯。以中文系出身的文筆，書寫哲學所體現的內涵，字裡行間流露的仍是家國天下的深切關懷。經典義理要活用於今天，人文生命總要在傳承中永續，人間萬象藏有人文關懷，而異國心旅中激盪的仍是鄉土情思。試圖在傳統經典的現代詮釋，給出消解生命苦難的哲理藥方。